放手的爱

点燃孩子的自驱力

一叶·著

中国铁道出版社有限公司
CHINA RAILWAY PUBLISHING HOUSE CO., LTD.

图书在版编目(CIP)数据

放手的爱：点燃孩子的自驱力 / 一叶著. -- 北京：中国铁道出版社有限公司, 2025. 7. (2025.7 重印).
ISBN 978-7-113-32244-1

I. G78

中国国家版本馆 CIP 数据核字第 2025J4A269 号

书　名：	放手的爱——点燃孩子的自驱力	
	FANGSHOU DE AI: DIANRAN HAIZI DE ZIQULI	
作　者：	一　叶	
责任编辑：	陈晓钟	编辑部电话：(010) 51873036
封面设计：	李　莉	
责任校对：	苗　丹	
责任印制：	赵星辰	

出版发行：	中国铁道出版社有限公司（100054，北京市西城区右安门西街 8 号）
网　　址：	https://www.tdpress.com
印　　刷：	北京联兴盛业印刷股份有限公司
版　　次：	2025 年 7 月第 1 版　2025 年 7 月第 2 次印刷
开　　本：	880 mm×1 230 mm　1/32　印张：8.5　字数：150 千
书　　号：	ISBN 978-7-113-32244-1
定　　价：	59.80 元

版权所有　侵权必究

凡购买铁道版图书，如有印制质量问题，请与本社读者服务部联系调换。电话：(010) 51873174
打击盗版举报电话：(010) 63549461

推荐序一

用智慧的爱点亮生命的自驱之光

第一次见到一叶,是在古色古香的南京师范大学心理学院。初秋的随园,爬山虎从砖红色墙面上垂下,桂花已悄然绽放,暗香漂浮。我应邀在这里主持一个家庭治疗师训练工作坊。一叶坐在第一排,总能提出好问题。课间她追着与我探讨当前家庭教育的难题,谈话中带着锐利的思索,却又包裹着教育者特有的温度。后来,当她带着《放手的爱——点燃孩子的自驱力》书稿邀请我作序时,我突然明白当初那些追问的意义——这本书,正是她对教育本质长达十年思考的结晶,是母亲、教师、心理咨询师三重身份体验下智慧的交融,更是在智能时代洪流中对教育初心的坚守与彰显。

读着书里的故事,也让我联想起向我求助的那些家庭:消沉迷茫的少年,以及他们愤怒而又无助的父母。他们所处的校园环境和家庭环境都弥漫着焦虑，家长们在"数不清的安排"与"佛系"间撕裂，孩子在题海与空虚中沉浮。长期处于这种焦虑的包围之中，孩子们身心俱疲，不禁追问生命的意义，而当他们无从寻求答案时，无意义感油然而生。孩子们成长所需的三大基本心理需求——自主感、胜任感、归属感，正在被直升机式养育所绞杀。

《放手的爱——点燃孩子的自驱力》这本书为迷茫中的父母带来了破晓的曙光。一叶没有停留在批判层面，她不传达焦虑，而是试图从现象入手，发现背后的成因和原理。"联结—自主—意义—赋能—自律"五维模型，为家长提供了对孩子"不过度干预"又"不放任自流"的行动方案，让家长可以扎根于孩子内在力量的激发，赋予其持久的生命能量。

在"联结"篇，她强调重连"心理脐带"，共建"情感银行"，在孩子生命的最初，安全感的建立和身份认同为孩子营造爱的土壤；与真实世界的联结，在潜移默化中培养孩子对世界的热爱，这是创造力的源泉，也是孩子成长的基石。更让我惊喜的是本书所呈现的系统观。她从大处着眼，不仅让人们看到家族大系统的模式如河流般跨越世代流动、沉积、传递，也看到每个人对家庭其他成员的深远影响。她还以深入浅出的方式，阐述了家庭系统中不合理的三角关系，如何悄无声息地影响着家庭成员之间的互动，启发我们如何在爱与自由、接纳与规则、界限与融合之间找到最佳平衡点。

"自主"章节的革命性。一叶提出了父母站在孩子的人生边上，给予孩子爱与支持，在付出中得到满足，随着孩子的长大父母慢慢放手，和孩子一起起草"独立宣言"：从生活自主、情感独立到思想独立，从自我意识到世界意识，让孩子以开放的视角与世界建立更深刻的联系。

"意义"引领为人生导航。本书第三章，一叶提出放下恐惧驱动的教育，用基于"爱的教育"回归教育本质——唤醒而非控制，并通过爱的流动建立关系，在爱的付出中找到自己的使命和人生的意义。在世界中得到爱、传递爱，并用爱创造世界，从而激发内在引擎。我尤为赞赏书中运用"梦想基金"兑换物质奖励的巧妙设计，这一举措使得内在驱动力得以外化，而其背后所依托的，乃是坚实而深厚的理论基础，当孩子们借助"好奇的圆圈"这一工具，探索并发现自身与知识、与世界之间那真实而深刻的联系，以及现在与未来之间的桥梁时，他们的前额叶被激活，深层认知得以启迪，进而发掘出自身独特的优势，勇敢地踏上自己真正热爱的旅程。此时，学习已不再是外在的强加管控，而是成为生命自然且愉悦的伸展。

这本书最动人的力量，来自作者的三重生命体验：

作为母亲，她陪伴孩子的点点滴滴让我们发现，应对逆反风暴的智慧不是高压控制，而是成为一棵根深叶茂的大树，树根深深地扎进泥土，枝条伸进云里，温柔坚定，从容淡定。

作为教师，她记录下学生的成长经历，电竞男生如何把弯路走出了旷野；学业吃力的孩子如何提升自我效能感……不仅通过外显"智能优势"，也要通过内在的"性格优势"来实现孩子的多维发展。这些来自一线的鲜活生动的案例，让我们从不同视角观察孩子，思考教育。

作为咨询师，她深入分析了如何和孩子一起接纳痛苦，培养心理韧性；如何从小的改变中积累大的胜任力，如何拨开迷雾，建立内在目标，激发内在价值。她还通过自我、本我与超我之间的关系，深入浅出地论述了自律是一种自我选择，自律的密码是爱。

我一口气读完了本书，脑海中不禁闪现出了那句话："教育就是当一个人把在学校所学全部忘光之后剩下的东西。"本书正是引领家长帮助孩子留存这些"剩下的东西"——对世界的好奇、对生命的敬畏、对困境的韧性、对热爱的探寻。

琚晓燕

美国加州大学洛杉矶分校（UCLA）与

北京师范大学联合培养心理学博士、

中国青年政治学院社会工作系副教授、

北京家姻心理咨询中心咨询师

推荐序二

一部充满爱与智慧的家教书

一叶老师邀请我为她的新书《放手的爱——点燃孩子的自驱力》撰写序言时，作为深耕家庭教育研究二十载的学人，我既深感荣幸又颇觉审慎。荣幸于同行对学术共同体的信任，审慎于推荐序言所承载的学术责任——这绝非简单的溢美之词，而是需要以专业视角完成对作品的学术性观照。怀着这般专业思索，我郑重地翻开了这部承载着教育者赤诚的书稿。

通读本书后，我发现，一叶老师不是单纯地倡导父母要"放手"，而是以温暖的文字和丰富的知识引导读者们"放下焦虑的爱"。

书中，一叶老师将母亲、教师和读书人三个角色完美地进行了整合，成就了这本充满爱与智慧的家庭教育书。这本书让我们既能触摸到母爱的温度，那是对生命成长的虔诚守望；又能感受到教师专业的厚度，那是教育者智慧的立体建构；更能体悟到读书人思考的深度，那是学者式的专业自觉。

母爱的成长叙事。书中选取了一叶老师的女儿丫丫成长中的点滴故事，有饮食习惯的培养，有咬手指习惯的纠偏，有对考试成绩的反思……这些成长的故事和对话，给读者的绝非普通育儿日记的平面化呈现，而是在理性指导下一位母亲智慧的爱。

在家庭教育指导实践中，我们常说做教师家的孩子不容易，教师很容易把自己的孩子和教过的优秀孩子作比较，又担心自己孩子会"沦为"让自己乏力的后进生，再加上教师职业的面子，这就很容易让作为教师的父母感到莫名的焦虑。一叶老师成功突破了教师子女教育中的"专业悖论"，用纯粹的母爱和丰富的专业智慧陪伴丫丫一路成长。

做母亲是辛苦的，但是，做会陪伴孩子成长的智慧母亲又是幸福的。丫丫成就了一位优秀的母亲，也成就了这本充满爱的书。

教育者的实践智慧。作为基础教育一线教师，一叶老师有着丰富的经验和不断自我超越的教育智慧。书中一个个可爱的孩子、一次次师生对话、一场场亲子体验活动、一篇篇家庭教育咨询手记，都在向我们展现新时代教师的专业素养。

书中的案例描述不仅详略得当，还融合了心理学和教育学理论，读来轻松又发人深思。它们不仅能帮助广大家长和教师获得专业的智慧启迪，还能丰富教育与心理专业工作者的间接实践经验。

学者式的专业自觉。这本书展现了一叶老师涉猎广泛的阅读范围，从心理学到教育学，从国内到国外，从古到今，她一路阅读，一路思考，一路实践，努力进行着总结、提升与丰富。她将专业典籍的养分和教育案例相结合，转化为解决现实问题的方法，让枯燥的理论知识变得生动和具有指导性。

还记得在南京师范大学心理学院的一次心理咨询师高级研究班上，当天上完课后，晚上就收到了她整理的课堂笔记，她在线和我分享了学习体会，细致程度与好学精神令我非常感动。

一叶老师用实践证明：真正的教育从来不是理论的空中楼阁，而是源于对生命成长规律的敬畏，源于教育者持续的自我更新。

开卷有益，打开这本充满爱与智慧的家庭教育之书，相信一叶老师对生活、对教育的热爱能点燃更多家长的教育智慧。

殷 飞
南京师范大学家庭教育研究院副院长、
中国高等教育学会家庭教育学专委会副秘书长、
江苏省家庭教育研究会副会长

自 序

时间的意义：一本书、一群人、一段旅程

它，像一枝含苞欲放的玫瑰花，我斟酌色彩，细致勾画，一瓣一瓣地修饰，希望用生命沉淀的芬芳温暖人世间。现在，我把它捧在掌心，这份精心准备的礼物，即将呈现给挚友。再次审视时，心中满是忐忑与期待。它，就是你即将翻开的这本书。

十年前，一场病痛让我真正读懂了"接受"这两个字的意义，我开始不再畏惧。生命太宝贵了，我好像并没有实现它的价值，我第一次开始真正思考生命。那天，在学校梧桐大道斑驳的光影里，与同事的那场对话恍如昨日："中国有无数孩子的学校，可父母的课堂在哪里？"这声叩问化作种子，在随后十年里抽枝散叶。作为一位妈妈，我理解做父母的不易；作为一名老师，我更懂得孩子们的难题。那一天，是我决定深耕家

庭教育的起点。随后，我开始读书，学习各类课程，并完成了多个教育学和心理学认证。

这十年，我遇见很多良师益友，阅读量远超过往三十年的总和；这十年，女儿丫丫已从天真烂漫的孩童蜕变为朝气蓬勃的少年；这十年，我陪伴四届学生走过他们的中学时代，一起经历他们的酸甜苦辣。我不知道是世界安装了加速条，还是我比十年前多了一份对教育群体的觉察，我发现家长们也在悄然发生着改变，这一变化虽细微，却映射出整个中国教育的风貌，那就是学生更要自主，家长更为民主。所以，我们需要换一种眼光来思考：孩子如何从"要我学"变成"我要学"。

五年前的一个黄昏，在教室外的走廊，初二学生思思问我："老师，学习的意义是什么？"那天，我们进行了深入交谈，从犬儒主义到存在主义，再到个体心理学；从路遥的《平凡的世界》到加缪的《局外人》，我惊讶地发现，她的阅读视野和深度远远超越了她的年龄。

是的，这代人正经历着再一次的进化和跃迁，他们正以"自我实现"为航标，在意义之海寻找属于自己的罗盘，真实地表达自己，不断成长，服务社会，完成个人使命。这才是当今孩子的第一驱动力，也是根植于每个人内心的自驱力。但是，成就驱动长大的家长更在意别人的评价和物质上的成功。

自 序

我们这些手握旧地图的引路人，正用工业时代的齿轮，试图启动智能时代的磁悬浮列车。

书写本书的过程中，我做了一个关于"目标感"的小范围调查。我发现学生的短期目标都比较明确，但问起长期目标，大部分同学说："考大学。"一位品学兼优的男生面对我的追问，不解地说："上学不就是为了考大学吗？"但当我请他们想象自己四十岁时的样子，想象一下那时候会做什么，谁会出现在自己生活中时，他们可能就会再现一个具体的场景，那才是他们真正想要的。所以，第三章"意义"是我特别看重的一章。孩子们不是找不到意义，而是需要成人的指引，引领他们眺望远方，直至发现真我，拥抱热爱，发挥优势。

如果说第三章是探讨孩子去哪里，能走多远，那么第一章就是帮孩子确认他在哪里。"十年树木，百年树人。"如果把育人比作培育一棵树的话，那么最重要的是用爱培育成长的沃土——温暖的社会关系、与经典对话的思想网络、同自然共鸣的心灵联结。这是教育的起点，也是孩子人生的起点，是他们理解自我的基础。它不仅关乎孩子如何认识自己，还关乎如何与世界建立联系。

肥沃土壤已经完备，强大根系已深扎，良好生态系统已联网，人生远景在朝他挥手召唤，一切就绪，孩子的大方向就不会出错。这看起来很轻松，但是人生最关键的时候，只有几步，特别是孩子青春期的时候，这关键的几步也是最不容易的，那就是——放手。

教育好比培育一棵树，但人毕竟不是一棵树，人不仅要向上生长，还需要创造，去探索未知。他会犯错，他要重新开始，他要离开我们为他开拓的土壤，努力自己扎根，生长自己的森林。本书第二章要表达的就是：放手不是放任，放手是父母的必修课，放手是教育的艺术。

前三章互为整体，缺一不可。"联结"是自驱力的根基，"自主"是自驱成长的必要条件，"意义"是自驱向上的牵引力量。做到这三者的我们就拥有了三重身份：第一照料者、教练、人生导师。

而我们的孩子就会具有强大的根系，他孜孜不倦地向下扎根，勇敢地向外拓展，和世界建立深入联结；他目光笃定，步伐坚定地走向自己的远方，成为一个自信而自律的人。

如果说本书前三章是大树深扎根系，抽出强劲主干向上生长的过程，那么第四章和第五章，则是大树长出枝丫，伸展枝干，舒展叶脉，与风雨共舞，不断自我成长和修正的过程。

这本书，你可以从头阅读，也可以任意翻开，从某一章、某一页开始。我不知道它是否符合你的期待，但我想说，书中

自 序

每一段都经过我的深入思考，每个字都是我真诚的祝福。

从2022年1月到2025年1月，这本书整整写了三年。这三年是写作的三年，也是我把外在的学习内化到个人思考的过程。无数个晨昏在书案前流转，遇到的人、读过的书、经历过的事一一浮现。一路走来，很多人曾无私地赠予我玫瑰。有一句之师，有短暂的相识，有人常伴左右；有人是引领人，有人是启发者，有人是鞭策者……我一一铭记，我要把这个礼物回赠给你们，回赠给这个世界。

在此，我要特别感谢陈韵棋老师。她做事认真，书中的每段文字都经过她的反复修改和琢磨。不仅如此，她还是我坚实的后盾，在我写不下去的时候，她总能察觉到我内心的焦虑，并给予支持和鼓励，让我跨越一次次障碍。

感谢在"DISC+社群"认识的春丽姐，她是一位大姐姐，又像一位设计师，当她知道我在写书时，就处处想着为我铺路，分享育儿案例，提供写作思路；感谢南师大高研班的老师和同学们，他们不仅拓宽了我的理论视野，还深化了我的思考层次，给予我无尽的启迪。

感谢"南京妈妈之家"的伙伴们，多年来一起读书，学习，相互支持，彼此鼓励，这本书留下了你们的足迹；还有"第二天社群"的朋友们，"人生最重要的两天——出生的那天和明白为何而活的那天"。感谢我们一起探寻人生"第二天"的日子；感谢我的好朋友"高参"们，没有你们人生会失去很多色彩；感谢我的领导同事，感谢南师附中江宁分校这片教育沃土，让我滋生更宽广的教育之梦；感谢我的学生们，你们是我写这本书的最大力量，这本书每一页都有你们的身影。

特别要感谢我的父母，在儿时给予我足以激励一生的爱、勇气和生发梦想的广阔天地；感谢我的弟弟妹妹们，你们的努力和优秀也推动我不断前行；感谢我的先生，一直无条件地支持我，信任我；感谢我的女儿黄若华，因为你，我拥有了第二童年和少年，感谢你为这本书精心创作的插图，这是我们共同的书。

都说十年磨一剑，我们想象着仗剑天涯的豪迈。其实每个人出发的时候不仅没有剑，往往还衣衫褴褛，因为有一颗求剑的心，我们一路前行，劈开现实的荆棘和迷雾，才能渐渐长出手中之剑，同时磨炼出一颗柔软的心。这就是时间的意义、行走的意义，以及这本书的意义。如果你喜欢，有缘的你，和我一起。

一叶于南京九龙湖畔

目 录

第1章 联结——建构丰盛的成长环境 ……………… 001
1.1 关系对了,教育自然发生 ……………… 002
1.2 打造积极的语言环境 ……………… 013
1.3 与真实的世界打交道 ……………… 024
1.4 阅读是丰盛人生的起点 ……………… 037
1.5 营造平衡和谐的家庭系统 ……………… 048

第2章 自主——完成自己的独立宣言 ……………… 059
2.1 人生是旷野,爱是目送而非牵引 ……………… 060
2.2 独立是走向成熟的第一步 ……………… 068
2.3 发现孩子出类拔萃的独特性 ……………… 082
2.4 逆反是生命拔节的声音 ……………… 092
2.5 发展孩子的开放式大脑 ……………… 105

第3章 意义——点燃生命的内在引擎 ………………… 113

- 3.1 唤醒孩子天生的学习动机 ……………………… 114
- 3.2 目标感：穿透迷雾的人生导航 ………………… 125
- 3.3 价值感和归属感是孩子成长重要的内驱燃料 … 137
- 3.4 热爱是光，何惧路远夜长 ……………………… 145
- 3.5 用作品意识来创造未来 ………………………… 157

第4章 赋能——注入持久的生长能量 ………………… 167

- 4.1 建立在绝境中看到希望的信念 ………………… 168
- 4.2 用无条件的爱激发内在价值 …………………… 175
- 4.3 疼痛是裂缝，光从那里照进来 ………………… 184
- 4.4 不要让正在进步的孩子感到气馁 ……………… 193
- 4.5 用赞美的语言浇灌心灵的花朵 ………………… 206

第5章 自律——设计自动运转的成长程序 …………… 215

- 5.1 野马与缰绳，如何实现自我主宰 ……………… 216
- 5.2 延迟满足是更高意义的奖励 …………………… 224
- 5.3 三步走，帮孩子养成自我管理的习惯 ………… 231
- 5.4 从模仿他人到塑造自我 ………………………… 238
- 5.5 环境设计，AI时代的孟母式突围 ……………… 245

第1章

联结——建构丰盛的成长环境

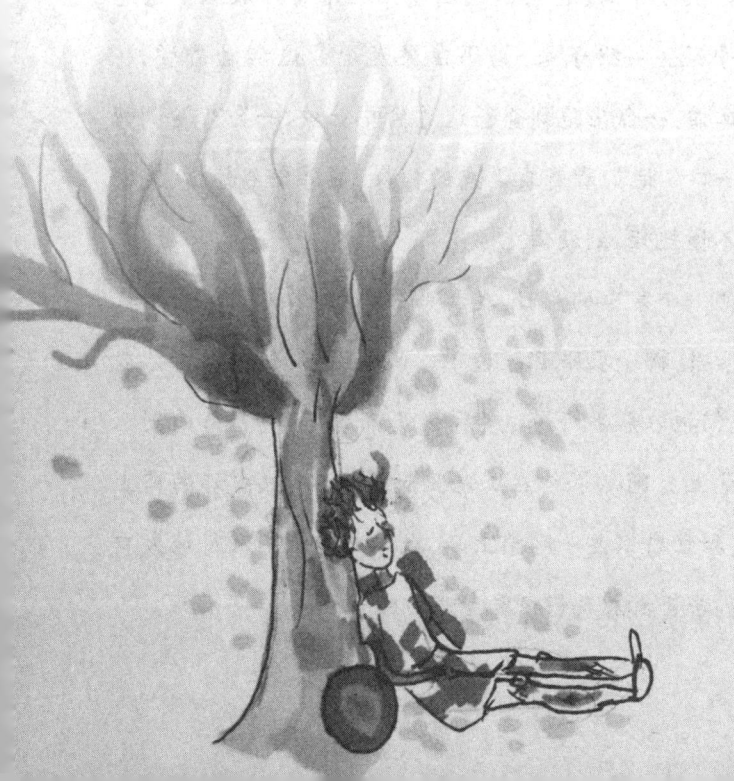

1.1 关系对了，教育自然发生

我曾经邀请家长们回忆儿时和父母在一起的温暖时刻。

冯女士说："我眼前浮现的是父母带我去外地游玩的情景，当时我们只买到了两张有座位的票。火车上，我和妈妈坐在座位上，而爸爸只能在我们座位旁边的地面上垫张报纸，随意地倚靠着，不久便沉入了梦乡，甚至还打起了呼噜。爸爸那份随遇而安的豁达性格，让我觉得无论在哪里都很放松。"

小鱼说："快过年时，爸爸妈妈围着围裙准备年夜饭。爸爸忙着他的拿手菜——狮子头，妈妈在煤炭炉旁边翻动着蛋饺。我就像只小馋猫，一会儿跑到爸爸这边偷吃一口，一会儿跑到妈妈那边偷吃一口。他们看着我调皮的模样，笑得合不拢嘴，宠溺地说：'小孩不懂规矩，到处偷吃。'"

苏苏说："一个寒冷的冬日，我和弟弟去村里小河道上滑冰，结果玩得太尽兴，裤子衣服都湿透了。回到家，妈妈没有责备我们，而是帮我们把衣服脱下来，然后默默地清洗，我和弟弟则趴在暖暖的热炕上打闹。爸爸在厨房里忙着煮肉，把煮好的肉上面撒点葱花，和豆腐锅盔一起端上来，我和弟弟迫不及待地大口大口地吃着。爸爸看着我们狼吞虎咽的样子，笑得合不拢嘴。"

他们的分享，如同一幅幅生动的画卷，缓缓展开在我们面前，让每个人的嘴角不觉上扬。这些温暖的画面，穿越时空，成为我们生命的温暖底色。也许，这就是我们都期待的美好的亲子关系的模样。在陪伴孩子成长的过程中，这样的亲子互动成为滋养心灵的养分。

1. 依恋关系是教育的前提

有一天，小源妈妈向我倾诉：

"因为我们工作很忙，所以孩子出生不久就跟着爷爷奶奶一起生活。直到上小学，她才离开爷爷奶奶到这个学区来上学。当时还是因为我们忙，走不开，所以就让她住姨妈家，让姨妈来照顾她。整个小学阶段，她就跟姨妈一起生活，我们偶尔在周末能见一次面。

"现在上初二了，我开车送她上学，她都不愿意，宁愿坐姨妈的电瓶车。她和我还能说些话，见到她爸爸就像见到仇人。家里什么都紧着她先来，妹妹永远是捡她剩下的，可她还老觉得我们偏心妹妹，不疼她，所以从来不跟妹妹玩，妹妹说她是'大灰狼姐姐'。眼看着她一天天长大，跟我们越来越不亲，我这心里真不是滋味。"

小源妈妈的话，让我想起著名儿童发展心理学家戈登·诺伊费尔德博士的观点：想让孩子接受自己的教育，有一个重要的前提，即孩子能感受到跟父母之间存在某种关系，而这种关系是自己认可的，这是一种必不可少的特殊关系，一旦缺失，教育就没有了根基。这种关系就是孩子与父母的依恋关系。

母亲与孩子最原始的连接来自十月怀胎。温暖的子宫以及和母亲紧密相连的脐带，让胎儿得以成长。当脐带被剪断的那一刻，婴儿呱呱坠地。当怀抱如蓓蕾一样娇嫩的小生命时，母亲与孩子彼此气味相通，情感相融。这种舐犊之情，是母亲和孩子之间最本质、最深切和最独特的联结，是刻进孩子生命最深处的爱的源头与密码。

此时，也意味着父母要与孩子重新建立一条"心理脐带"，为孩子提供道德指引和精神养分，从而帮助孩子获得心理能量。这漫长的养育过程，其实就是创造联结的过程。在这个过程中，父母和孩子都得到了爱的满足，并将爱储存在亲子关系的"银行"中。这是父母与孩子一生关系的基础，如果未来遇到磕磕绊绊，这份储蓄就是坚实的后盾，可以避免关系的破裂。如果父母没有给予孩子足够的爱的储蓄，就可能会影响亲子关系，甚至影响孩子在未来社会的各种人际关系。即使日后弥补，也只能填补那份缺失感，而无法找回已经缺失的爱。可见，建立依恋关系，对于孩子的成长有着不可估量的重要性。

没能建立依恋关系的家庭，大多都有一些共同点：父母不是孩子的第一照料者；在孩子0~6岁期间，父母有较长时间的缺席；在孩子婴幼儿时期，父母从来没有或者很少陪孩子入睡。如同小源一样，因为从小就没有和父母生活在一起，所以未能与父母建立起依恋关系。无论父母多么疼爱孩子，或者学了多少育儿技巧，面对这样的情境，往往也会感到力不从心。

如今，小源的父母要做的就是让孩子深切感受到他们的爱，重新建立依恋关系，这样教育才有可能发生。而小源的抗拒情绪是长期疏离的结果，修复过程可能需要很长时间。在此期间，父母需要坚定信念，克服挫败感，持续向孩子传递爱。

首先，小源父母要坦诚地承认过往的疏忽，努力为小源重建安全感。比如，向小源坦言："爸爸妈妈过去以为赚钱让你过好日子就够了，却忽略了陪你长大。现在，我们意识到了自己的错误，希望可以弥补。"在这个过程中，要避免自我辩护，不说"为了你才这么忙"，而应该聚焦孩子的感受，逐步引导孩子放下内心的防御。小源不愿坐妈妈的车，以及躲避父亲等行为，都需要时间慢慢消融。

其次，与姨妈建立紧密的合作，请她在小源面前强化父母的正向意图，比如告诉孩子："妈妈最近常问我你喜欢吃什么，她真的很想对你好。"在征得姨妈的理解和支持后，逐步减少他人照料的时间，如从全天改为半天，父母直接参与到照顾孩子的日常事务中，如检查作业、参加家长会等。

一个月后，小源妈妈欣喜地告诉我，小源偶尔开始回应她，并愿意接受她的小礼物；又过了两个月，小源妈妈告诉我小源愿意主动分享班中的趣事，与妹妹的冲突也越来越少了；半年后的一天，小源妈妈给我发来信息，说孩子主动要求妈妈接送她。

这个案例让我们看到，父母每一次真诚的回应、陪伴，都会松动孩子的"防御盔甲"，在某个时机她便会慢慢长出关系的触角，最终与父母建立联结。

2. 拥抱是关系里最美的语言

拥抱是建立联结最好的工具之一，是传递理解、爱与包容最美的语言，能给孩子安全感和归属感。

女儿丫丫一年级时，第一次参加数学考试。回到家，她拿出试卷，上面赫然写着鲜红的58分。看着她那张看似很平静的脸，我微笑着说："丫丫，心里一定很难过吧？"说完，我向她张开了双臂。这时，戏剧性的一幕发生了：她先是一愣，随即"哇"的一声大哭了起来，瞬间成了小泪人，扑进我的怀抱。

她在我怀里呜咽着："妈妈——我没有考零分——贾凯说我考了零分——呜呜——"她一边哭一边愤愤不平地说着。我哭笑不得,心中五味杂陈,泪水也不由自主地涌了出来。我紧紧地抱住她,感受着她的委屈。心想,这一天她在学校里是怎么熬过来的呢?多么庆幸,透过她表面的平静,我看到了她内心的紧张和难过。还好,此刻她在我的怀抱里找到了安慰。

等她情绪稍缓,我们一起分析了试卷。她挥舞小拳头,信誓旦旦地说下次一定要"打败"贾凯。看着她泪痕未干的笑脸,我深深感受到了爱与拥抱的力量。

同样,孩子也能在给予拥抱时获得力量。在家长课堂的角色扮演中,我看到过无数次这样的场景。一个正在无理取闹、发脾气的"小孩",当"妈妈"朝他伸出双臂,轻轻说:"孩子,我需要一个拥抱。"那个前一秒还在大吵大闹的孩子,突然愣了一下。妈妈依然微笑地看着她,又说了一遍:"孩子,我需要一个拥抱。"戏剧性的一幕发生了——孩子和妈妈紧紧地拥抱在了一起,刚才发生的一切都已经不重要。当我们说出"我需要……"时,孩子的价值感就被激发了,这是让孩子获得掌控感和成就感的美妙方法。

对于那些已经不接受拥抱的青少年,我们可以用幽默来化解:"我知道你现在不想要我的拥抱,但是,现在唯有你的拥抱能让我复活,能请你'屈尊'三秒钟救我一命吗?"也许结局不会每次都如我们所期待的那么完美,但是,只要我们坚持用这种方式表达爱，彼此间就会慢慢发生微妙的变化。

爱与拥抱的力量，远比我们想象的要强大。

3. "特殊时光"能对情感进行有效滋养

《十几岁孩子的正面管教》一书中有这样一个故事。

父亲布莱恩为了制止孩子的不良行为，对他禁足，没收汽车，并无休止地进行说教，但毫无用处，孩子更加叛逆了，亲子关系也严重恶化。父亲已经完全失去了信心，在没有任何希望的时候，他尝试了一堂关于青春期孩子养育的课程。

老师说："有时候，忘掉孩子的行为而专注于与孩子的关系，你会取得最好的效果，纠正之前先建立联结。"并解释说："确保把爱的信息传递给孩子。"

第二天，父亲去了儿子的学校，并带孩子去吃午饭。儿子看到父亲，挑衅地说："你来这儿干吗？"父亲回答说："我只是想跟你一起吃午餐。"吃饭的时候，父亲始终记得他的目的——享受儿子的陪伴。他尽力避免盘问和说教。儿子从头到尾充满着不信任，他一直等着父亲的批评和说教。

这顿午餐是在沉默中吃完的，最后，儿子一脸困惑地走进学校。接下来三个星期的每周三中午，儿子和父亲都在一起午餐。他们开始了交谈，同时，父亲也不再通过惩罚来控制儿子，他专注于发现孩子的优点。渐渐地,他发现孩子回家吃晚饭的次数多了。

三个月后的一天,父亲由于开会脱不开身,错过了午餐时间,晚上儿子对父亲说:"爸爸,今天是怎么回事?"父亲说:"对不起,我不知道你在等我,我们也没有约定每周三都一起吃午餐。但我很愿意让它成为一个惯例,你觉得怎么样?"儿子若无其事地说:"可以。"不知不觉中,孩子的不良行为得到改善,和父亲的关系也越来越好。

这就是"特殊时光"的故事。它体现了联结、陪伴和接纳的重要性,强调"关系在先,教育在后"。如果我们与孩子的关系不太融洽,可以借鉴布莱恩的做法。一旦关系得到改善,其他问题也会逐渐迎刃而解。

"特殊时光"是指父母和孩子间的专属时光,是彼此都乐于享受其中的时光,是精心策划、高效陪伴的时光。那么,作为父母,我们该怎么做呢?

第一步,约定专属时间。

与孩子约定一个固定的时间和地点,放下手机和工作,确保这是你们的独处时光,不要被任何事情打扰。记住,在日历上标出约定的时间。当然,也不要取消约定,这比没有约定更糟糕,因为这样更容易失去孩子的信任。

第二步，策划活动清单。

一开始，不要急于关注如何让你们的关系变好，而要关注活动的内容。我们可以和孩子讨论，列出彼此最想做的事情清单，比如一项体育运动、一次短途旅行，一起分享童年故事，一起听孩子喜欢的音乐，邀请孩子了解自己的工作，一起做饭，一起去购物，或者一起去一家有意思的餐厅体验美食等。

当你很忙，而孩子需要你陪他，不停来"骚扰"你时，你只要说"宝贝，我现在忙，我很期待我们晚上的'特殊时光'"，孩子就会定下心来玩自己的，因为他知道，他还有一个可以期待的时间。这样的归属感和安全感，会给他带去温暖和力量，让他成长为一个自信阳光的孩子。

"特殊时光"不仅体现在陪伴上，它更是一种情感的滋养。它让孩子感受到被重视、被接纳，也让父母在忙碌的生活中找到与孩子心灵相通的珍贵时刻。

对于青春期的孩子，他们可能会对"特殊时光"的提议表现出冷淡甚至嫌弃的态度，这是再正常不过的反应了。但是，作为父母，我们要保持足够的耐心和尊重，并努力寻找和创造合适的时机。要知道，美好的事情往往需要付出努力才能实现，而且任何时候开始都不晚。

盈盈妈妈是一家企业的负责人，平时工作非常忙碌，一度缺席女儿的成长,这也导致了母女关系很不好,孩子的行为习惯也出现了不少问题。直到女儿初二下学期,盈盈妈妈下定决心,无论工作多忙,都坚持在女儿每天晚自习结束后亲自接她回家。起初,两人在车上几乎不说话。后来,孩子逐渐敞开心扉,开始毫无保留地向她分享在学校里的喜怒哀乐。正是这段"特殊时光"陪伴孩子平稳度过了"动荡"的青春期。即使女儿离开家读高中、上大学,甚至一直到工作,母女俩的关系依然亲密无间。这也让我明白,只要有爱和坚持,再疏远的关系也能驶向彼此心灵的港湾。

如果孩子还小,开启"特殊时光"会相对轻松,但最重要的是坚持。我和丫丫的"特殊时光",最初命名为"睡前十分钟",从幼儿时的睡前阅读开始直到现在。十多年来,时间也从十分钟缩短到了五分钟,从每天晚上调整到了每周三晚上,从每晚的睡前故事变成了现在的睡前聊天。每天晚上睡觉前,关上灯,我躺在她身边,我们的聊天就这样开始了,内容包罗万象,从生活琐事到学习成长,有时还有天马行空的幻想,最后带着甜蜜和满足进入梦乡。这些对话,不仅给了她力量和启发,也让我有了新的发现和思考。我同丫丫说:"这真是神奇的五分钟。"她说:"那我们就把这五分钟叫作'魔法时光'吧。"

"魔法时光"的"魔法"本质在于它的"专属"感。著名精神分析学家克洛德·阿尔莫曾说:"对孩子来说,感到父母是属于他的,他们就是'他的'父母,这一点很重要。"

在孩子心目中,他们对父母的爱具有天然的排他性。许多父母应该都有这样的经历:当我们抱起别人的孩子,充满爱意地和别人的孩子互动时,我们自己的孩子就不乐意了,抱着我们的大腿,又哭又闹让我们抱抱。因为对于孩子来说,父母就是"属于自己的"。

父母和孩子的"特殊时光"会让孩子感受到父母属于自己,并认识到自己很重要。这种专属感,可以给孩子一种安全感,让他相信父母不会抛弃他,也不会被任何人抢走。这样,孩子才能感受到自己作为一个不同于他人的独特生命的存在,并据此建立起对自我身份的认同。

好的依恋关系可以让教育自然发生,并滋养孩子的成长。

1.2 打造积极的语言环境

著名哲学家路德维希·维特根斯坦曾说过一句发人深省的话:"语言的边界就是思想的边界。"人们需要通过语言来表达自己的思想,而思维的深度与广度在一定程度上决定了语言表达的深度与广度。事实上,尽管使用相同的语言,人与人之间的沟通依然可能充满误解与障碍。因为沟通的效果不仅取决于语言本身,更取决于沟通双方如何精准而富有艺术性地运用语言这一工具。

在家庭教育中,父母的语言也会潜移默化地塑造孩子的思维模式和行为习惯。经常使用积极语言鼓励孩子的父母,更容易培养出乐观、自信的孩子;而习惯使用批评和否定的语言,则可能让孩子变得自卑或消极。当父母用清晰、具体的语言表达期望时,孩子更容易理解并付诸行动;而模糊或情绪化的语言,则可能让孩子感到困惑或抗拒。

更进一步讲,语言不仅是信息的传递者,更是情感的纽带,连接着父母与孩子的心灵。营造积极的语言环境,可以让父母走进孩子的内心世界,理解他们的感受和需求,从而建立更深层次的信任与联结。

1. 共情式沟通

在正面管教体验式教学中，我常常邀请家长扮演孩子。当我询问他们当下的感受时，他们通常会回答："不舒服。"或者表达自己的想法，如："原来他是这样想的。"在实际生活中，很多父母体会不到孩子的感受，有的甚至会否定孩子的感受。比如，当孩子吃了一口菜吐出来说："太辣了。"家长可能会回应："我就放了一个辣椒，有这么辣吗？"当孩子放学回家诉苦说："妈妈，真是气死我了，我同桌今天太不像话了！"家长可能会轻描淡写地说："这有什么好生气的。"这样的回答往往会让孩子感到非常沮丧，因为"感受"是自我的一部分，否定感受就等于否定他本人。长期被否定感受的孩子，可能会逐渐成长为无法表达自己感受的空洞的人。

孩子的每一个感受都值得父母的关注和接纳。即使这些情绪看起来有些荒谬或不可理喻，其背后都隐藏着孩子未被满足的心理需求。只有共情他们的感受，真诚地倾听他们的声音，并给予积极的回应，才能真正触达孩子的内心世界。

八岁的萱萱正在练习钢琴曲，但有一段总是弹不好，以至于钢琴声时断时续。萱萱妈妈开始严厉起来。萱萱突然停下双手，抓起琴谱猛地将它摔在地上，站起来大声哭喊道："我不弹了,我要疯了,我要把钢琴扔了!"边说边把琴盖"啪"的一声用力盖上,"你只爱弟弟,从来没有爱过我,你每天只知道让我弹琴、写作业、弹琴、写作业,我要离家出走。"萱萱妈妈怔在原地——平日温柔的小可爱,怎么突然就像只炸毛的猫,还要把平时很喜欢的钢琴扔掉呢?

萱萱发脾气,是希望引起妈妈的爱与关注,表达"我需要情感关怀"的诉求。此刻,如果妈妈说:"做作业和弹琴难道不是你该做的事吗?妈妈是在督促你,我怎么就不爱你了?你就是懒!"这些话都徒劳无益。

萱萱妈妈等萱萱发泄完以后,才将她颤抖的小身躯揽到怀里,用掌心轻轻地抚摸着孩子紧绷的后背,轻声说:"你觉得自己每天都在写作业和弹钢琴,没有一点自己的时间,所以感到很烦躁,是吗?"

萱萱在妈妈怀里抽噎着说:"你每天都和弟弟玩耍,逗他笑,陪他睡觉,但每次对我说话的时候总是很严肃,不是让我做这就是做那,晚上也从来不陪我睡觉。"

"你想要确认,在妈妈心中,你是最重要的,妈妈很爱你;你希望妈妈也能陪你玩耍,和你一起嬉笑,晚上也能陪你睡一会儿,是吗?"萱萱妈妈凝视着泪眼蒙眬的女儿。萱萱感受到了妈妈对她的关注和爱,慢慢地放松下来。

随后，妈妈和萱萱一起商量，重新安排了写作业和弹琴的时间，中间的休息时间设置了十分钟的娱乐项目，并且每周还有至少三天的睡前五分钟"特殊时光"。萱萱妈妈也承诺，每次弹琴时，不再进行评论，而是等一曲结束后再进行反馈。

处理问题的时机很重要——不要在情绪爆发时急于纠正，而要先通过共情建立情感联结。这就像面对一场洪水，首先要做的不是堵住水流，而是把孩子带到安全的地方，让他从情绪的洪流中安定下来。同时，也要避免被孩子的情绪卷入，保持冷静。只有当双方都平静下来以后，才能有效地讨论规则、解决问题，从而达到更好的教育效果。

萱萱妈妈的做法让我们看到，通过眼神交会、身体接触和非语言信号，孩子便能接收到"我被全然接纳"的安全讯号，这种情感联结叫作共情式沟通。当父母感受到孩子的感受，并把他的感受说出来，孩子就会感到被看见和理解，之后父母就可以和孩子建起沟通的桥梁，引导他关注逻辑，进而理智地解决问题。

2. 引导式对话

当孩子提出需求时，家长是尽力满足，还是直接拒绝？

精神分析学家弗朗索瓦兹·多尔多曾提出：在教育中，我们应当注意，不要满足所有的欲望，而要始终通过话语来证明主体说出这些欲望的正当性,而不是去放弃或者批评它们。

周周和妈妈路过一家玩具店的橱窗时,他被一辆红色的玩具卡车深深吸引,他趴在玻璃上,兴奋地对妈妈喊道:"妈妈,你看,那辆红色的卡车!布丁就有一辆,我也想要一辆。"

妈妈没有立即拒绝或答应,而是蹲下来,和他一起认真地看着那辆卡车,问道:"看起来你很喜欢这辆卡车,它和家里的那些车有什么不同呢?"

"妈妈,这辆卡车是可以充电的,不用装电池,按一下后面的按钮,它就可以前进和后退;第二个按钮可以让它长出翅膀,就像变形金刚一样;它还可以在半空中盘旋,就像航模一样!"周周兴奋地解释着。

妈妈点点头,回应道:"听起来真的很酷呢!"

周周见状继续补充道:"而且,妈妈你看,它的颜色特别亮,比其他车好看多了!"

妈妈耐心地听着:"嗯,确实有点不一样。这样吧,我们可以进店里看看,还可以摸摸它,但是今天不能买,因为家里已经有很多类似的卡车了。"

"不嘛,妈妈,这个不一样,我要买这一辆。"周周依依不舍地把目光从橱窗挪开,瞪着大眼睛充满期盼地看着妈妈。

"今天不能买,如果你不愿意的话,我们今天就不进去了。"

当周周意识到妈妈的态度很坚决时,他虽然有些失望,但也明白了妈妈的底线,只好遗憾地离开。

周周妈妈没有批评或贬低周周的欲望,而是允许他表达自己的需求,并平静地与他讨论。这种处理方式让孩子逐渐平静下来,学会了接受现实。相反,如果周周妈妈批评他,甚至贬低他的欲望,说:"你整天就想着要这个要那个,家里已经堆满了你的玩具,你就不能收收心,干点正事?"这样的话语不仅会激发孩子的抵触情绪,还可能让他感到自己的需求被忽视或否定。长此以往,孩子可能会想方设法偷偷满足自己的欲望,比如无节制地吃垃圾食品,或对电子产品沉迷不已。

对于孩子来说,他想吃糖,并不一定是因为他真的需要吃很多糖,而是因为吃糖带给感官的快乐,以及那种被人关注、被人爱的感觉。作为家长,需要学会用开放、平和的态度与孩子对话,同时引导他们学会控制和管理自己的需求,而不是简单地满足或拒绝,这不仅有助于培养孩子的自控力,还能帮助他将感官的欲望转化为创造性的欲望。

比如,我们可以对想吃糖的孩子说:"你想吃什么样的糖呢?是奶油味的、水果味的,还是巧克力味的?软糖还是硬糖?"通过这样的对话,我们可以从糖的颜色、味道,吃糖感觉,上次吃糖时的故事——谁给他买的,在哪里吃的等和孩子聊一聊。我们还可以邀请孩子把自己喜欢的糖画出来,或者设计一款自己心目中理想的糖果。最终,孩子可能会忘记吃糖这件事,但这段关于糖果的对话却会成为一次温馨美好的"糖果时刻",让孩子感受到被理解和被重视。

相反,如果孩子轻易得到了糖果,他往往会专注于感官的满足,而不再愿意与人交流。这种表层的欲望如果轻易得到了满足,那么孩子便可能变得贪得无厌,进而不断追求新的欲望——得到糖,还想要冰淇淋;得到玩具卡车,还想要玩具飞机。这些物质欲望的满足并不会让孩子感到真正的快乐,他们也不会珍惜这些玩具,因为他们无法从这些物质中获得持久的满足感。同时,他们也无法创造什么,只能通过不断地追求新事物来获得满足感。

引导式对话,并不意味着父母要纵容孩子情感失控、突破底线。情绪本身没有对错,但是行为有优劣,我们要及时制止孩子在情绪激动时的过激行为,比如摔东西等破坏性举动。

3. 不带评论地观察

哲学家吉杜·克里希那穆提说:"不带评论的观察是人类智力的最高形式。"什么是"不带评论的观察"?它指的是客观地陈述事实,不带情绪,不置对错。反之,"带评论的观察"就是主观评判,往往带有主观情绪和价值判断。

主观评判,容易让人产生情绪,引发对方的防御心理,甚至激化矛盾。明明想表达关心,话到嘴边却变成了指责,结果不仅不能解决问题,还可能伤害对方。在沟通中,能否区分这两者,直接决定了交流的效果,尤其在家庭教育中,这一点尤为重要。

以下回应,哪种能让孩子准确判断自己的感受,而不会对自己产生怀疑呢?

回应1:你才吃了几口,就吃饱了?一会儿又饿了,赶紧把这块牛肉吃了!

回应2:是吗?我看你才吃了几口,是今天胃口不好吗?

回应1:有什么好害怕的,爸爸妈妈都在客厅呢,睡觉就要关灯,这样对身体好。

回应2:关上灯屋子里很黑,你就会感到害怕,你要妈妈陪你一会儿吗?

回应1:看看你,这么大了没礼貌,见面要主动向叔叔问好。

回应2:你不想和叔叔打招呼的原因是什么,是不太喜欢他,还是害怕呢?

上面回应1都体现了父母的主观判断,它们让孩子觉得父母的感受和评价比自己的感受更重要且更正确,而回应2则鼓励孩子去感知并尊重自己内心的感受。

分不清陈述事实和主观评判的表述不仅会造成沟通障碍,更重要的是会影响孩子的思维判断。比如,当孩子不小心打翻了牛奶,一个被长期混淆陈述事实和主观评判的孩子,可能会指责别人:"谁让你把牛奶放在这里的?"或者自我否定:"我总是这么毛毛躁躁,笨手笨脚,什么都做不好。"这种思维模式会让孩子陷入内疚、自责甚至厌恶自己的情绪中,阻碍他们的成长。

如果孩子能够学会客观地陈述事实,那么他们的思维方式便会发生积极的变化。面对打翻的牛奶,孩子可能会这样思考:

①陈述事实:"我看到牛奶撒了一地,现在需要收拾干净。"

②分析原因:"为什么会打翻?是因为放得太靠边了吗?"

③解决问题:"为了避免下次再发生,我可以把牛奶放在更稳的地方,或者喝的时候更小心一些。"

这种思维方式不仅帮助孩子关注问题的解决,还能培养他们的成长型思维,即从错误中学习,而不是被错误定义,进而让孩子成为一个不会轻易受他人左右的能够独立思考、自信、自主的人。

如果我们拿不准孩子在想什么,那么可以尝试将自己的感受尽可能客观地描述出来,并且询问对方自己的理解是否准确。

比如，我们可以问："我刚才叫你，你没有回应，而是坐在那里发呆。我在想，是不是因为我刚才批评了你，所以你生气了？"这种描述不仅陈述了事实，还体现了对孩子的尊重。

如果家长直接说："我刚才叫你，你都不应我，这样太没礼貌了！"孩子可能会感到被指责，进而产生防御心理或抱怨情绪。这种以"你"开头的句式，表达的是一种论断，往往带有评判性，即使我们说得没错，也容易引发对方的抵触和抱怨。

为了避免这种情况，我们可以将这种评判型"你"句式转化为描述型"你"句式。比如："你看起来很生气，因为他没有经过你的允许就动了你心爱的卡片。你很激动，所以说了一些不礼貌的话，是吗？"通过客观地描述出孩子的感受和发生的事实，让孩子感受到自己被理解、被尊重，这样他便更容易接受家长的建议，并主动改正自己的不良行为。

此外，我们还可以用"我"字开头的句式来表达自己的感受。比如："我不喜欢你在长辈面前说不礼貌的话，这让我感觉有点难堪。"这样仅仅是表达了自己的不满，并且愿意为自己的感受负责，而不是对孩子的行为进行评判。这种表达既体现了对自己的尊重，也给孩子留下了改正的空间和时间。

然而，"我"句式也不是无往不利。正如托马斯·戈登所认为的那样，不管你用什么方式陈述，也不会有人喜欢听到自己的行为给别人带来困扰。过多地使用"我"字，可能会给人一种以自我为中心的感觉，所以，我们要有节制地使用。

在某些情况下，可以尝试使用"我们"这个字眼。例如："希望我们都能够规范文明用语，特别是和长辈在一起的时候。"这样的表达，可以拉近彼此的距离，暗示这个问题是需要双方共同关注和负责的。在孩子犯错时用"我们"来描述，也会让孩子感觉家长是和自己站在一起的，是愿意帮助自己解决问题的。

但是，当说话双方矛盾比较突出时，使用"我们"可能会引发对方的反感。比如，当我们说："我们有这样一个问题"，对方可能会不客气地回应："这是你的问题，请不要和我说'我们'。"在这种情况下，可以试着把"我"和"我们"结合起来使用。比如："我想我们可以商议一下……""我感到有点吃力，我希望我们可以一起做这件事……"这种表达方式更容易让对方接受。

总之，在使用"我"句式时，我们应当仅仅表达自己的感受，而不是试图用自己的感受去控制对方；使用"你"句式时，应当避免评判对方，而更多地展现出对对方的关心；在使用"我们"句式时，虽然某种程度上拉近了距离，但同时也要注意给予对方空间。通过灵活运用这些表达方式，我们能够在沟通中更好地传递信息。

1.3 与真实的世界打交道

教育的核心目标之一,是帮助孩子与真实的世界打交道,因为真实的世界早已给孩子提供了一切可以学习的材料。对于孩子来说,特别是幼儿,大自然无疑是最理想的学习场所。当他在大自然中自由探索、尽情玩耍时,不仅能够感受天地之大美,还能与万物互动,建立起亲密的联结。这种联结不仅培养了他们对天地万物的热爱,也激发了他们的好奇心、创造力,培养了他们的探索精神。

基于真实体验的学习方式,远比传统的课堂教育更加生动、有效。正如思想家拉尔夫·沃尔多·爱默生认为的那样,培养好人的秘诀就是让他在大自然中生活。孩子通过与自然的互动,学会了观察、思考、解决问题,并逐渐形成对世界的深刻理解。当孩子与自然融为一体时,他的学习不再是被动接受,而是主动探索与发现。

1. 感知世界

孩子的玩具可谓琳琅满目,多不胜数。从抓握摇铃、积木、拼图,到各种与音乐、美术相关的玩具,再到形态各异的玩偶、小汽车、飞机、大炮等，应有尽有。有的孩子，光是玩具小汽车就能装满一整个大柜子，恐龙玩偶能摆满一整面墙。不可否认，有些玩具确实对孩子的身心发展有益，但是大家有没有思考过，这些玩具中，有多少能成为孩子真正的朋友？又有多少玩具只是被孩子玩上几周、几天，甚至几个小时就束之高阁？

有一种卡片书，其中一页印着一个绿色的长条形物体，旁边写着"黄瓜"二字，有的还配上一首黄瓜童谣。然而，这种卡片书真的能让孩子对黄瓜有深刻的理解吗？相比之下，如果我们带孩子走进厨房，拿一根真实的黄瓜让孩子看一看、摸一摸，甚至掰开让他舔一舔、嚼一嚼，感受黄瓜真实的质地和味道；或者带孩子来到田野，亲眼看看黄瓜垂挂在瓜秧子上的可爱模样，甚至和孩子一起种下一株黄瓜，观察它从种子到果实的生长过程，那么哪一种方式更能让孩子对黄瓜有更直观、深入和全面的了解呢？

相比之下，孩子会更喜欢、更珍惜自己动手制作的玩具，还是花钱买来的玩具呢？哪一个更能锻炼孩子的动手能力、观察力和想象力呢？哪一个更能激发孩子的好奇心，培养孩子的观察能力呢？我们小时候都是自己动手制作玩具，比如自己做手枪、陀螺、铁环和弹弓等。有时候我们还和几个好朋友一起制作渔网，拿着它和鱼饵去河边捉鱼，最后把鱼带回家。这些经历不仅让我们感受到了动手制作的乐趣,还让我们学会了合作、解决问题和珍惜劳动成果。

玩具小狗虽然造型可爱,但它无法与孩子互动,无法回应孩子的情感需求。而一只真实的小狗,不仅能陪伴孩子,还能通过它的行为、声音和表情与孩子建立情感联系,激发孩子的爱心和责任感。孩子在照顾小狗的过程中,会自然而然地培养自身观察力、耐心和同理心。

玩具提供的信息往往是单一的、封闭的,而自然拥有无尽的多样性和复杂性,一草一木、一虫一鸟,都能调动孩子的多种感官,激发他们的好奇心和探索欲。孩子在自然中玩耍时,不仅能观察到事物的变化,还能通过触摸、闻嗅、倾听等方式,全方位地感知世界。这种多感官的体验,远比单一的玩具更能促进儿童智力的持续发展。

孩子们天生对世界充满好奇。他们喜欢玩泥巴,光着脚走路、滑滑梯;他们喜欢埋头在路边看蚂蚁,和小虫子"对话",轻嗅花香、追赶蝴蝶;他们静静地看蚯蚓在地面爬行,感受蜗牛在手心蠕动;他们踩在落叶上奔跑,听着沙沙的声音;他们模仿小狗汪汪地叫……这些看似简单的行为,都是孩子们在体验世界,在现实中学习。

现实是知识和智慧的种子。正如生物学家蕾切尔·卡逊所

第1章 联结——建构丰盛的成长环境

说:"在引导孩子的过程中,让他去感受比让他知道更重要,这将事半功倍。"我们要带孩子走进大自然,不仅去看,还要去听、去闻、去触摸、去感受。这样做不仅能培养出耳聪目明、心灵手巧的孩子,还能让他们的内心变得宁静而美好,激发他们的想象力与创造力。

纪录片《陪你在世界长大》的导演徐承华,在儿子辛巴出生后,做了一个与众不同的决定——不买房、不报学前班,而是花费九十万元带着孩子环游世界。辛巴三岁时,途经十二个国家去看北极熊;五岁时,纵穿南美洲,成为到南极年纪最小的中国人;八岁时,登上"世界之巅"珠穆朗玛峰。

这些经历不仅让辛巴见识了世界的广阔,也让他在旅途中收获了无数课本上无法学到的知识与体验:在土耳其、缅甸、老挝乘坐热气球,俯瞰大地的壮丽景色;在南极目睹罕见的飞碟云,感受大自然的鬼斧神工;在亚马逊钓食人鱼,体验丛林生活的惊险与刺激;在加拉帕戈斯群岛品尝鲜美的大龙虾;在厄瓜多尔荡世界上最高的秋千,感受风从耳边呼啸而过的自由……此外,辛巴还在旅途中学会了多种语言:在北极,他用英语交流;在南美洲,他学会了西班牙语,能够和同龄的外国孩子无障碍沟通。

徐承华说:"应该多带孩子去看一些开阔的东西,让孩子知道世界是如此精彩,世界是如此值得激情地努力地活下去。"当辛巴静静地坐在珠穆朗玛峰脚下，看着日照金山，整座雪山洁白无瑕，他一直在感叹："好美啊！好美啊！"然后回头看向爸爸。那一刻，孩子和整个世界的美融为一体。那一刻，我也明白了为何辛巴会有二十多个梦想：他想开飞机，想当保护动物的警察，想成为足球运动员、滑雪运动员，还想做一名摄影师……一个看过世界的孩子，一个对世界充满热爱的孩子，就会拥有实现梦想、传播爱的勇气和力量。

也许你和我一样，对辛巴一家羡慕的同时会心生感慨：我们能在节假日和暑期带孩子出去走走就不错了。但这何尝不是一种选择呢？因为世界之美不仅仅在远处。正如作家马赛尔·普鲁斯特认为的那样，真正的旅行并不是用同一双眼睛经历一百块不一样的土地，而是通过一百双不一样的眼睛看同一块土地。从这个角度来看，生活中的每一处细节都可以成为学习的契机：在阳台上看夕阳西下；晚饭后，在小区散步，观察一棵乌桕树的变化；偶遇一只狗狗，并听孩子兴致勃勃讲述不同类型狗狗的生活习性……这些都是学习。

丫丫在婴幼儿时期，我常常带她出去玩。我发现她最喜欢盯着由远而近的事物，比如有人骑着自行车过来，从这个人出现到骑到我们身边，她会一直目不转睛地盯着。起初，我对她的这种行为感到很疑惑，直到后来，我读到关于感觉统合的理论才明白其中的奥秘。原来,婴儿盯住较远的地方,视觉会逐渐稳定下来。视觉稳定后,便能进行左右及上下移动,这种移动能力是保证孩子未来阅读的重要基础。如果环境不良,无法提供足够的远观机会,或者孩子爬行不足,幼儿的视觉发展就会受到影响。等到孩子四岁前后,如果视觉仍不稳定,便无法进行平顺移动,导致阅读时漏字、跳行,甚至无法正常阅读,做算术时也难以准确看清数字,眼睛容易疲倦,进而影响学习能力。

著名儿童心理学家让·皮亚杰早期研究就发现,缺乏感觉运动经验的孩子,尽管能够通过大脑进行记忆性的学习,但在观察、组织、想象和推理等高级认知功能上,往往会遇到应用上的困难。所以,教育不仅仅是知识的灌输,更重要的是让孩子与真实的世界互动,因为真实的世界早已为孩子提供了最丰富的学习材料。

2. 创造力的源泉

创造力,是人类独有的能力,也是人类在智能时代不可或缺的生存能力。那些善于想象和联想的人,无疑将拥有更多更好的创造力。但是,创造力的培养并非一蹴而就,它需要我们用心去探寻、去滋养。心理学家与脑科学研究学家指出,欣赏大自然的美好与神奇,沉浸于文学艺术的世界,是通往想象力和创造力的两条重要途径。

　　自然之美,以其无尽的变幻与深邃的内涵,激发着人们内心的灵感与创意。音乐家贝多芬经常在维也纳近郊的寂静森林散步,每当自己在森林中,他都深感快乐和幸福,因为每株树都在同他窃窃私语。

　　哲学家同样证明了这一点。从康德到黑格尔,再到海德格尔,这些思想深邃的大哲学家们,没有一个是从纯粹的课堂中培养出来的。真正塑造他们思想的,是森林间的宁静和大自然的深邃。他们在大自然的怀抱中沉思、探索,最终形成了影响深远的哲学思想。

　　达·芬奇的成就,源于童年时在芬奇村对大自然浸润式的观察,以及他悄悄从父亲办公室获取的纸张,借此在橄榄树林中尽情描绘;源于十四岁时在韦罗基奥画室的六年时间里,他潜心对各种颜料进行细致研究,并完善了他的色彩叠加画法;源于他成年后在城里和乡间漫步,捕捉到眼睛所能看到的所有细节,并从熟悉的事物中发现新的东西,在晚上睡觉前还会再次回顾它们,并将它们牢牢记在脑子里。他去过他能想到的不同地方,用随身携带的笔记本记下各类人各种各样的表情。

　　中国的山水文化更是将自然与人文完美融合,它不仅培养了山水画派,更建构起璀璨的文学奇峰。从《诗经》中的花草园走来,穿过唐诗宋词的曲江之畔,每一个字眼无不蕴含着大自然的影子;"在河之洲"的美好,"举头望明月"的乡愁,"悠然见南山"的淡远,"大江东去"的浩荡……这些经典的诗句不仅展现了中国文人对大自然的热爱,也体现了自然之道与天人合一的哲学思想,成为中华民族引以为豪的文化宝藏。

浩瀚的海洋、璀璨的星空、静谧的湖泊、辽阔的草原、庄重的高山、更迭的四季……这一切无不让人感受到大自然的奇伟神秘与生命之美。正是这种对大自然的敬畏与热爱,唤起了人们的好奇心与想象力,成为创造力的不竭源泉。

人类的生活和大自然息息相关。无论是文学、艺术,还是医药与科学,都深受大自然的启发与影响。人类根据鲨鱼的流线型身体设计了飞机,根据蝙蝠声波定位系统发明了雷达,根据蜻蜓的翅膀优化了飞行器,根据鲸鱼的外形改进了轮船,根据青蛙的眼睛发明了"电子蛙眼"……这些例子无不证明,大自然是创造力的灵感宝库。

文学家、艺术家、音乐家、科学家、哲学家,都在大自然的怀抱中汲取到了灵感,通过观察与感受,激发了自身无限的想象力,从而创造出了不起的作品。他们热爱大自然,观察大自然,欣赏大自然,在大自然中涌起深深的感受与思考,最终将这些感悟转化为独特的艺术作品或科学发现。

诗人、画家席慕蓉曾说,如果一个孩子在他的生活里没有接触过大自然,譬如没有摸过树的皮,未踩过干而脆的落叶,那么,她就没有办法教他美术。她强调观察、欣赏和感受的重要性,认为这是培养创造力的基础。

创造力的产生通常遵循这样的步骤:热爱——观察——欣赏——想象——创造。因为热爱,孩子才会仔细观察;因为细致而专注地观察,他们才会更喜欢,从而进入欣赏阶段;接着,他们会有自己的思考和感悟,在脑海中形成更为丰富的联想和想象;最终,他们会将这种美和发现结合自己的思考,创造出新作品。

那么,热爱源于什么呢?

热爱源于深入的联结和体验。它来自孩子看到的每一朵花,触摸过的每一滴水,踩过的每一片干而脆的落叶,亲吻到的每一缕风,感受到的每一种声音,以及他们从心里爱过的万事万物。正是这些与大自然的亲密接触潜移默化地培养了孩子对世界的热爱与好奇心,进而激发了他们的想象力与创造力。所以,我们应该鼓励孩子多接触大自然,让他们在大自然中感受生命的美好与神奇。

3. 生命教育

有这样一句箴言:"学习无处不在,在风中,在河流中,在食物里,在传统仪式上,在家庭和朋友的爱之中。"自然教育没有那么复杂,只需带孩子踏入大自然的怀抱,让他们睁大眼睛欣赏,闭上眼睛感受,用整个身心去体验,大自然这位伟大的老师就会把美、爱、好奇心和大自然生生不息的奥秘传递给每一个纯真的心灵。

道理虽如此,现实却令人担忧。有些家长因为担心孩子弄脏衣服剥夺了他们在泥地里打滚、亲近大自然的乐趣;因为追求外表的漂亮,给喜欢跑跳的孩子穿着不方便运动的华丽衣物;为了省时省心,家长在聚会或者忙碌时,塞给孩子一个电子产品……

这些做法不仅剥夺了孩子在大自然中无忧无虑的玩耍时间,隔离了孩子观察、想象和思考的空间,更让他们失去了和自然万物的深度联结。面对这一现状,家长们应该如何做呢?

有一天,丫丫在路边目睹了一大群蚂蚁和一只天牛的生死搏斗,并用爸爸的手机录了下来给我看。面对这个庞然大物,蚂蚁显得如此渺小与可笑,它们似乎是在以卵击石。但没想到的是,蚂蚁们竟然展现出了惊人的毅力和团队协作的力量,它们锲而不舍地攀上天牛的身体,有的撬动它的四肢,有的则在其背部寻找突破口。经过一番努力,最终,这群看似弱小的蚂蚁浩浩荡荡地把它搬走了。整个过程堪称现场版《动物世界》,惊心动魄,让人不禁为之震撼。

"最后我把天牛救了下来,并放到另一片草丛中去了。"丫丫带着一丝复杂的情绪告诉我,"妈妈,我帮助它逃离了蚂蚁部队,但又觉得自己好像做错了什么。蚂蚁们一定很失望吧,它们用了那么长时间,费了那么大劲才捉到天牛,但天牛也太可怜了,我也不知道断了一条腿的天牛能不能活下去……"丫丫的话让我陷入了深思,这个结局确实让人意想不到。

出手相助会怎样,不出手又如何?我和丫丫就这个问题进行了一番讨论。丛林世界弱肉强食,同时又相互依存。作为食物链最顶端的人类,我们该如何处理和动物之间的关系?我们又该把自己放在怎样的位置?老子在《道德经》中曾说过:"人法地,地法天,天法道,道法自然。"人生的哲理、普世的智慧,以及自然的法则,都蕴含在大自然中。只有那些热爱大自然、善于观察的人才能够真正发现大自然的奥秘和美好。而这些发现和感悟,是幸福人生的坚实基础。

在黄河漂流的时候,辛巴在与大浪的搏斗中不慎翻了船,他却从中领悟到了勇敢的真谛:"爸爸,我觉得勇敢不是不害怕,而是害怕之后还会坚持去做。"同样,在徒步旅行结束后,丫丫也体会到了坚持的力量,她对我说:"当你累到极限想放弃时,只要再坚持一小会儿,就会过去,等待你的,就是更美妙的风景。"

在我的家乡,村子最西面有一条河名叫申河。我在那条清邃的河边嬉戏成长,温柔平坦的河滩、碧绿幽深的芦苇丛、蔚蓝而高远的天空,还有远方不时传来的布谷鸟的叫声,共同勾勒出我人生的底层图景。在润泽的河滩上,我用脚丫踩着细腻的泥沙,用手拍打着淤泥,看清亮的河水从淤泥中一点点渗出;在溪流中,小蝌蚪柔软的身躯在水中自由摇曳,我掬起一捧河水,让它从我的指缝间欢快地游走;冬天,我和哥哥还会在弯弯曲曲的冰面上小心翼翼地溜冰,我坐在草甸子上,哥哥猛地推我一把,我顺着蜿蜒的河道欢笑而下,那清脆的笑声在河谷中久久回荡。这些美好的画面,在寂静的夜晚悄然流淌于我的心河,让浮躁的心渐渐平静,如申河一般宁静致远。

我不会忘记十岁那年的一个春日午后,我拔了一根芦笛,一个人沿着河堤边走边吹,心中充满了对远方的无限遐想:"这条河会延伸到哪里呢?远方的世界又会是怎样的呢?"我看向远处,沿着河堤,走了很久很久。

也许是申河的引领,也许是我与河流不解的缘分。后来,我来到长江边;再后来,我把小家安在了九龙湖湖畔。湖畔的傍晚,彩霞铺满天,又映照在水面,从暮色四合到月华初升,我和丫丫漫步其中,欣赏大自然赐予我们的绝美"大片",聆听着蛙声和虫鸣奏响的"交响乐"。我想,这美好,一定会在丫丫人生的某个瞬间,或者某一个孤独的夜晚,从她的生命底层徐徐展开,给予她无尽的力量与慰藉,就像申河给予我的一样。

每个孩子都需要一条河流、一座山或者一片荒原,让我们和孩子一起,一同置身于大自然的怀抱中,调动全部的感官和知觉去感受,去接收万物的信息。被大自然启蒙过的孩子,深爱着大自然的孩子,他们不仅不会孤单,还能把孤单写成诗;他们不仅有爱,还能把爱谱成曲;他们不仅不怕困难,还能把困难变成成长的基石。他们是如此幸运,而这份幸运属于我们每个人。

1.4 阅读是丰盛人生的起点

那是一个平淡无奇的午后,阳光透过窗帘,懒散地洒在屋内,房间仿佛被镀上了柔和的光。小小的丫丫安静地躺在床上,她还是一个稚嫩的小宝宝,不会翻身,不会爬行,更不能独立坐起。每天,她除了吃了睡,睡了吃,偶尔哭哭笑笑,更多的时候就是看着天花板。

忙碌的家务终于告一段落,我随手拿起一本书,躺在她身边。当我转脸看向她时,发现她那双又黑又亮的眼睛正盯着我手中的书,仿佛也被那书中的世界所吸引。我心中一动,便轻声朗读起了一段文字,没想到,丫丫的小脚和小手竟然随着我的声音轻轻摆动起来。当我默读时,她又安静地啃着自己的小手,眼睛专注地看着我翻动书页。就这样,我们度过了一个多小时的宁静时光,各得其乐。被柴米油盐包围的疲惫的新手妈妈,在那个下午感受到了久违的心底澄澈与清明,仿佛所有的烦恼与疲惫都被这温馨的画面融化了。

有了这个美好的发现之后,我就常常这样躺在丫丫身边看书。后来,我发现她对几米的漫画情有独钟,于是,我就和她一起翻看色彩鲜艳的画册和绘本,这成了我们亲子阅读的起点——她从躺着"看书",到学会爬行后到处抓书、啃书;再到能坐起来时依偎在我怀里"听书";后来,她还会咿咿呀呀地给我们"讲书",虽然只是些稚嫩的声音和动作,却充满了童真与乐趣;如今,她已经能够自己读书了,从各种绘本、桥梁书,到现在的"大部头",阅读范围也越来越广。

因为有书相伴,我们建立了亲密的联结,一起度过了无数温馨而难忘的阅读时光;因为有书相伴,我在育儿路上从未感觉孤单。从生活习惯的培养到时间管理技巧,从人际交往的智慧到思维认知的拓展,再到价值观的建立,书籍像温暖而睿智的老师,与我一起陪伴着她成长,陪她一起探索这个充满未知与奇迹的世界。

1. 阅读激发好奇心,培养创造力

教育学家本杰明·布鲁姆提出的教育目标层次理论,将教育目标从基础到高级依次划分为记忆、理解、应用、分析、评估、创造六个层次。其中,"记忆、理解、应用"是基础目标,是坚实的知识基础。面对快速变化的社会,我们需要的是一种综合能力的展现,即将所学知识、信息、个人理解及实践经验相融合,进行深度分析与评估,进而实现创新与创造。这意味着,我们不仅要注重知识的积累,更要学会如何运用知识去分析问题、评估情境，并在实践中不断试错与调整。同时，培养批判性思维，勇于挑战既有观念，鼓励创新思维，都是通往高阶目标不可或缺的能力。

我们常常提到的"跨界思维"，本质上就是在理解运用的基础上，通过分析和评估找出不同领域的相同本质，在纷繁的事物中建立联系，这是创新的必要路径。而阅读就是培养孩子建立关联能力的重要的工具。

苹果公司联合创始人史蒂夫·乔布斯认为：人类创造的本质，只是将不同的事物联系起来。这个联系越是意想不到，创造出来的东西就可能越有意思。将不同的事物、知识和信息相互关联，人们就能拥有全局思维，从而看透不同事物的表象，把握事物的本质，进而在万物互联中实现真正的创造。以智能手机为例，它的本质是为人类提供便捷、智能化的移动服务，而乔布斯是把音乐播放器、传统的手机与互联网这三者共有的服务本质巧妙地融合在一起，从而开创了智能手机的新纪元。

著名投资家查理·芒格曾表示："我认识的所有的聪明人当中，没有一个不是极度热爱阅读的人。"他认为，聪明人之所以聪明，不是他们智商有多高，而是他们通过阅读培养出了深度理解、关联、分析判断的能力，这是很重要的学习能力，而一个养成读书习惯的人，一定是一位终身学习者。他通过广泛的阅读把自己培养成一个终身自学者;通过自学,独创了享誉世界的多元思维模型,形成了一套自己的生活、学习和决策的方法。

在阅读过程中,我们的思绪会不由自主地随着文字流淌而沉浸其中。我们会好奇究竟发生了什么事情,这背后隐藏着怎样的缘由,而接下来又将会迎来怎样的转折与发展。这种对故事情节前后连贯性的思考,正是我们将故事各个部分相互联结、形成完整认知的过程。更进一步地,我们还会不由自主地将自己的经历和经验融入其中。或许我们会从主人公的经历中看到自己的影子,或许我们会从某个场景的描绘中回想起自己的某个瞬间,又或许我们会从一段对话中领悟到生活的真谛。

在《纳尼亚传奇》这部电影中,有一个情节吸引了丫丫的注意:一群拥有智慧与语言能力的动物意外捡到一个人——爱德华舅舅,并对他展现出了别样的"款待"。驴子不辞辛劳地搜集了一大堆蓟草,并慷慨地丢进了围栏内;那些勤劳的鸟儿也不甘落后,飞前飞后,把捕捉到的虫子扔在他身上;平日里看似憨厚的大熊,把野生蜂巢抛向他……然而,面对这一系列"尊贵"的待遇,爱德华舅舅非但没有表现出丝毫的兴趣或感激,反而双手抱头,左躲右闪,显得狼狈不堪。

这一幕,让丫丫忍不住哈哈大笑起来。她说:"如果我是爱德华舅舅,一定会误以为动物们要打死我。就像在动物园里,人类给小狗果冻、薯片或者可乐,却不会考虑小狗只对肉和骨头感兴趣。我们很容易站在自己角度看待别人,以为给了别人最好的东西,事实却可能恰恰相反。己所不欲,勿施于人。从这个故事来看,己所欲,也不一定要施于人啊。"

由书本到现实、由自我到他人、由旧识到新知,我们可以通过阅读建立一个丰富而复杂的信息网络,然后产生思考和分析,经过审慎的判断,形成自己的体验和认识,并将其运用在生活中,这就是思考的艺术。这种饶有趣味又有意义的非凡思维过程,潜移默化地激发了孩子天生的好奇心,无形中帮助孩子养成了自主学习和探索的习惯,提升了孩子的阅读理解能力和学习能力。

2. 阅读联结心灵

三岁的丫丫在阅读《猜猜我有多爱你》时,忽然站起身来,模仿着书中的小兔子,把手臂张开得不能再开,脸上洋溢着纯真的笑容,大声说:"妈妈,我手臂张得有多开,我就有多爱你。"那一刻,我的心都要融化了。读完故事以后,她指着封底那段文字,央求我一遍又一遍地为她朗读,一连读了七遍才罢休。

当我们很爱、很爱一个人的时候,也许,你会想把这种感觉描述出来。可是,就像小兔子和大兔子发现的那样:爱,实在不是一件容易衡量的东西。

爱，不容易被衡量，我们却能在生活的每一个瞬间，感受到它温暖而坚定的存在。通过阅读，丫丫不仅感受到了小兔子对妈妈的爱，更学会了像小兔子一样去表达自己的情感。这就是一个共情到运用的过程。

在《杀死一只知更鸟》中，阿蒂克斯·芬奇告诉女儿："你永远不可能真正了解一个人，除非你从他的角度去看问题。"这句话不仅是对人性的深刻洞察，更是对共情能力的有力呼唤。书中人物的悲欢离合、喜怒哀乐触发孩子从另一视角思考和看待事物，感受他人的痛苦和快乐。当情感更为强烈时，还能把这种共情升华为深刻的理解和同情，并化为爱的行动，最后得到宝贵的成长。

学生小泽读完《平凡的世界》，同样被孙少平和田晓霞那段真挚而动人的爱情深深感动。当他读到田晓霞遇难的情节时，这位平时性格坚韧、不善言辞的男孩，竟然泪流满面。他在笔记中写道："作者太残忍了，为什么让田晓霞死。难道是因为他们的爱情太完美了？真正的爱情，就像他们一样，像明媚的阳光，相互照亮，彼此温暖。他们的精神世界如此切合、趣味相投，却又彼此独立与自由……"看完这段读书笔记，我明白了他能够和自己喜欢的女孩子保持一种健康而自然的友谊关系的原因。两个优秀的孩子,互相学习,一起进步,不就是阳光下美好的青春模样吗?

当孩子沉浸于阅读,被故事所传达的情感和情绪深深感触时,常常希望把这种强烈的共鸣和思考表达出来。丫丫认为《哈利·波特》中的摄魂怪象征着抑郁症,那是一种将人拖入无尽黑暗,让人在痛苦与困扰中挣扎的无形力量。这时,就要像哈利·波特一样,大声呼唤"呼神护卫",现实中的"呼神护卫"就是源自内心深处的爱和快乐的记忆。所以,她希望每个人能多储存一些爱和快乐的记忆,让每个人都有属于自己的"呼神护卫"。

著名教育家夏洛特·梅森曾说:"教育的最大意义是教会我们如何去爱。"当我们把孩子抱在怀里,温柔地给他们读故事时,他们会感到安全、爱与温暖;当我们真诚地聆听孩子的声音,与他们讨论书中的情节与人物时,他们会体会到我们的欣赏及对他们的关心。这些看似微不足道的瞬间,就是我们作为父母送给孩子的最好的礼物,是他们一生的"呼神护卫"。

一个读过一千本书的孩子,如同经历过一千种不同的人生,与一千个英雄人物出生入死,与一千个不同的人物建立共情。这样的经历,让他的情绪和情感的发展更加完整而丰沛,让他在面对生活的挑战时更加从容不迫。

通过阅读,孩子会逐渐明白,生活并不容易,但是爱、勇气、正义、坚持不懈等美好的品质不仅会为现在的学业打下坚实的基础，更能够为将来的社会生活做好充分的准备，帮助他们超越苦难与平庸，成长为更加优秀、更加勇敢的人。

3. 营造良好的阅读氛围

如果你从心底认为阅读本身是一件充满乐趣又极具意义的事情，而不是仅仅因为它有助于提高学习成绩，那么你的态度已经超越了许多家长。你的孩子无疑也是幸运的。相信他们不仅仅热爱阅读，大概率已经进入了阅读的高阶阶段。对他们来说，阅读不仅是一种学习任务，更是一种快乐的生活方式。他们已经找到了自己喜欢的书，并充满热情地与你分享其中的精彩片段和感悟。我们只要顺势引导，进一步拓展孩子的阅读面，就能帮助他们提升阅读能力。

那么，如何培养孩子的阅读习惯呢？

一个让孩子爱上阅读的家要具备以下特征：

- 家中有很多书，而且随处可见；
- 父母经常读书，每周不低于五个小时；
- 在重要节日和孩子生日等特殊的日子，把书作为礼物送给他。

这样的家庭氛围，无疑为孩子构建了一个充满书香和智慧的成长环境。如果家长还没有形成阅读习惯，或者自己不喜欢阅读，怎么办呢？有三个建议。

一是营造一个远离电子干扰的阅读环境。尽量避免在孩子面前频繁使用手机等电子设备；给自己和孩子各准备一个书架；预留购书的家庭预算，精心挑选适合各年龄段阅读的书籍；定期带孩子去书店、图书馆等充满书香的地方。

二是与孩子一起商讨设立一个家庭读书日。这个特别的日子可以安排在每周的某个固定时段，确保全家人都能参与其中。每次共读三十分钟，可以一家人共读一本书，也可以各自挑选自己喜欢的书，半小时后进行简短的分享交流，每人三分钟。家庭读书日不仅可以帮助我们营造家庭读书氛围，激发孩子的阅读兴趣，还有利于建构良好的家庭关系。也就是说，要让书成为家庭生活的一部分。

如果孩子年纪尚小，那么恭喜你，你只需要选好书，每天固定时间给孩子朗读，或者进行亲子共读。坚持一年，孩子可能就会形成良好的读书习惯；如果能坚持六年，那么阅读将会像吃饭、睡觉一样，成为孩子的生活方式，而且孩子因此极有可能成为终身热爱读书的人。

心理学家安德鲁·比米勒发现，在幼儿园，词汇量居班级人数后25%的儿童，在词汇和阅读理解方面可能会一直落后。

到了小学六年级，他们在词汇和阅读理解上的表现至少比同年级的孩子落后三个年级的水平。而朗读作为一种有效的阅读方式，不仅可以增加孩子的词汇量，还可以激发孩子的思维活力，有效训练口语表达、理解记忆及谋篇布局等基础技能。所以，阅读的重要性不言而喻，而且越早开始阅读对孩子的成长越有利。

如果孩子已经进入小学或者青春期，以上方法依然有效，但确实还需要在此基础上再下点功夫，那就是通过提出有趣的问题，与孩子进行深刻的讨论。这也是我给出的第三个建议。

有趣的问题应当是开放式的，能够激发孩子的思考和表达欲望。如果孩子只用"是"或"否"来回答问题，往往难以触动孩子的内心，也无法真正打开他们的话匣子。

有趣的问题适用于任何一本书，这些问题还会引发一连串的问题。比如：

- 是什么促使了主人公的改变？
- 书中人物想要实现什么目标，他实现了吗？为什么没有实现？
- 他应该这样做吗？如果是你，你会怎么做？如果你是作者，你会做哪些改变？
- 你觉得书中人物 X 和 Y 有何相同之处，又有什么不同之处？

● 本书（或者哪一章）中的哪些内容、情节最让你难忘？这个故事让你想到了什么？

● 如果书中这个人没有这样做，故事会怎么发展？

● 这位作家的写作风格和其他作家的写作风格有什么不同？

对应布鲁姆的目标层次，会发现，有趣的问题可以帮助孩子建立知识之间的联系，找到共同点和差异点，让孩子看到事件的前因后果；与作者和书中人物进行对话，并将阅读内容与现实生活建立关联，进行学习和思维的拓展。这样的问题，能够帮助孩子提高分析、判断和评估能力，引导他们进行更深入的思考。

当然，并不是每一本书都需要和孩子进行深入讨论。在散步时、餐桌旁、上学或放学路上，可以随意地和孩子聊聊，分享各自的看法。在这个过程中，不要以居高临下的姿态面对孩子，而要以一个平等的倾听者和引导者的身份出现，这样才能和孩子建立真正的联系。

阅读是日久才能生情的漫漫旅程，需要孩子自己去探索，就像农人种下一颗种子一样，我们只需要准备好合适的土壤，默默地浇水和培育，然后静待花开。这个过程如此幸福而意义非凡，至于结出什么果，就交给岁月吧。

1.5　营造平衡和谐的家庭系统

我常常在想：是什么决定了孩子成长为这样而不是那样的模样呢？这是一个复杂的问题，其中涉及父母、家庭、学校、社会，还有他自己——他看过的每一朵花、读过的每一本书、遇到的每一个人，乃至脚下踏过的每一片土地，以及内心深处流过的每一滴眼泪……

就像制作面包的过程：酵母、面粉、水和糖，这些看似普通的原料，混合在一起，在高温烘焙下，最终出炉了面包。面包的品质，与每一种原料都息息相关。如果没有酵母和水，即使有再多的面粉，也做不出面包来；如果没有糖，那面包的口感也会下降不少。

这正如影响孩子成长的各种因素，无论大小，每个因素都很重要，哪怕是一个极微小的因素也可能影响全局。我们很难确切指出哪一个环节或哪一种力量决定着一个人的成长方向，但是，孩子所经历的一切，相互融合、彼此作用、相互影响，共同塑造着他的意识深度、认知广度、思维敏锐度、视野开阔度和性格特质。

而一个理想的家庭，就如同一个开放系统，每个人都有各自的位置,既保持自我,又彼此紧密相连,通过互动营造出和谐、温暖、积极向上的家庭氛围。这样的家庭,是孩子健康成长不可或缺的土壤,滋养着他们的心灵,引导他们探索世界,形成健全的人格与价值观。

1. 跷跷板和三角关系

小区的中心地带,有两个跷跷板。两个年龄相仿的小女孩坐在上面,面带微笑,伴着初秋的晚风,一上一下地嬉戏着。不久,一对年轻的父母带着一个刚学会走路的小宝宝走来。只见小宝宝蹒跚地走过去,想要爬上跷跷板。妈妈见状抱起他一起坐在了跷跷板的一端,爸爸就坐上另一端,跷跷板缓缓启动。小宝宝坐在妈妈怀里,看着对面忽高忽低的爸爸,银铃般清脆的笑声伴着跷跷板的起伏在空气中荡漾开来。

家庭系统排列创始人伯特·海灵格说:"两个人都各自保持着自我,并且做着共同的事。这时没有谁比谁更有优势,或者受对方管制或吞并。这是双赢,没有输。最佳的相遇处就是中点。"跷跷板之所以能够运作,其秘密在于找到中点。只有当两端的重量级相当,在中心达到平衡,才能共同享受这个游戏的乐趣。其实,家庭关系也一样,当家庭成员内部的关系达到一种平衡状态时,家庭才会是和谐的。在伴侣关系中,理想的状态是,一方投入自己的生命能量,而另一方接受这份生命能量,并向对方回馈同等的生命能量,形成一种良好的"能量互换"。这里的"生命能量",是指彼此之间在思想、情感、情绪、语言、时间、梦想和行动等方面的投入,以及这种投入所引发的彼此之间的反应。

那么,如何才能拥有这种平衡关系呢?跷跷板两端并不是静态的,而是一种动态的平衡。当一端投入的力量较多时,另一端也要相应地增加力量;当一端投入的力量减少时,另一端也应相应地减少。当双方关系失衡时,相互间的作用就会像跷跷板一样呈现不平衡状态,严重时,甚至引发激烈的矛盾与冲突。

家庭代际传递理论奠基人穆雷·鲍文认为,个体化和一体化都属于生命原发的力量。个体化推动生物遵循自己的指令,成为一个独立、独特的个体;而一体化促使有机体遵从他人的指令,成为一个依赖的、有联系的、模糊的实体。每一个人都兼具个体化和一体化两大特征,一个群体的稳定性、凝聚力、合作程度取决于个体化与一体化的相互作用。

孩子的到来,让原本只属于两个人的跷跷板游戏,变成了更为复杂的三角关系。家庭系统理论创始人鲍文认为,三角关系描述了一个三人系统的动态平衡,其中起到主要影响作用的是焦虑。当双方处于平衡状态时,都能心平气和地相处,会感觉很舒适,一旦受到外部或内部情绪干扰,就容易引发矛盾。比如,夫妻二人正悠闲地坐在沙发上看着电视、聊着天,妻子看到孩子不尽如人意的月考成绩,心中的焦虑瞬间被点燃,开始指责丈夫对孩子疏于管教,一场争吵由此爆发。丈夫站起来冲进孩子房间,把儿子骂了一顿。一时间,三个人就陷入了紧张的关系。如果此时奶奶走出来,心疼孙子,开始安慰他,并指责儿子教育不当,那么儿子、孙子、奶奶——一个新的三角关系便悄然建立。如果妻子对奶奶的做法感到不满,并说道:"我们管孩子的时候,你不要参与,你看,都是你惯的。"另一个新的连锁三角关系随之诞生……就这样,家庭中的矛盾与冲突愈演愈烈。

当一个人既可以遵循自己的内心,又可以遵循团体的指示时,他就能很好地处理自己和团体的关系,从而达到自我和团体的平衡。如果我们处于负面的三角关系中,那么每个人的情绪都会相互影响,这样最终便出现了"剧本代代相传,你唱罢来我登场"的局面。

要想终止这种负面影响,我们首先要看见并跳出这个三角关系,在照顾自己个体化需求的同时,又不被他人的一体化所裹挟。阿尔弗雷德·阿德勒把这种进行个体化和一体化分化的过程称为"课题分离",这是每个父母必备的修养,因为我们的焦虑最终会影响整个家庭。当父母心烦意乱时,孩子会第一时间反问自己："我是不是做了什么让父母不高兴了？""我怎么做才能让父母高兴起来？"因为孩子的分化水平相对较弱，所以家庭中的各种问题所形成的情绪焦虑，最终都会由孩子来买单。

课题分离做得好的家庭是怎样的呢？

当女儿向爸爸抱怨妈妈："她从来都不理解我，一句话都不等我说完，只知道骂我。"很明显，孩子试图将爸爸三角化到她和妈妈的矛盾中，她可能在寻求一个倾听者，或者希望通过爸爸的参与让妈妈更理解自己。此时，爸爸不应该站在妻子一方批评孩子："你能不能理解一下妈妈，你想一想自己都做了什么。"

明智的应对方式可以是这样的，爸爸对女儿说："我相信你说得没错，在妈妈的连珠炮面前，你每次只能说半句话。"说话的同时，把手搭在女儿肩上，微笑着，让女儿知道他看见了这个事实，同时没有表明同意她的观点，而是巧妙地保持中立。然后，找一个合适的机会，用一种轻松诙谐的方式对妻子说："女儿昨天和我说，你是一个很好的倾听者，听她把大段的八卦新闻和对学校的抱怨都说完了，一点也没评判她，这让我太吃惊了。"妻子从沉思中抬起头，不觉会心一笑。

去"三角化"不是站队，也不是撇清与自己的关系，而是保持中立的思维和良好的情绪。缺乏任何一点，都有可能让情况变糟。

三角关系无处不在,每个人都身处其中。一个人如果懂得课题分离,可以看到自己的问题,并且避免去伤害他人,既保持完整的自我,又建立良好的互动,那么他将是家庭的定海神针,同时他也会成为家庭其他成员的榜样,影响着其他人。这样的家庭会呈现出轻松和谐的动态平衡状态,而不是紧张的三角拉扯,正如老子所说:"挫其锐,解其纷,和其光,同其尘。"

2. "消失"的他

无处不在的连锁三角,构成家庭小系统,而这个小系统又联结到更大的家族系统,涵盖了父母、兄弟姐妹、父母的兄弟姐妹、祖父母、曾祖父母,甚至追溯至数代之前的先祖。天空没有痕迹,但是鸟儿已飞过。

影片《孤味》中,一位被丈夫抛弃的母亲林秀英,靠着自己的努力,从摆路边摊开始,一步步开起了饭店,独自带大三个女儿。她七十岁生日这一天,丈夫离世的消息传来。葬礼上,女儿、妻子和情人齐聚一堂。家族的秘密、岁月尘封的情感也随之被慢慢揭开。

在独自带大三个孩子的艰难岁月里,丈夫虽然一直不在,但对他的愤怒,一直隐藏在林秀英心底,她决不签离婚协议,她争强好胜,她对女儿们的控制背后处处都是丈夫的影子。

三个女儿对母亲采取了不同的应对策略——反叛、弥补或者逃离，这背后其实是她们各自在用隐秘的方式寻找着缺失的父爱。大女儿游戏人生，不断开始又不断逃离一段又一段情感。对母亲的指责，以及必须面对的乳腺癌手术，她表现得满不在乎，最终活成了漂泊的父亲的样子，反叛、放荡不羁。其实，她是以成为父亲，这种替罪羊的方式来寻找父亲。

二女儿是一名整形医生，小时候，她只要得奖，父亲就一定会出现，母亲也快乐，所以她想，只要一直得奖，父亲便会"被找回"。舅舅接纳了因外甥女成为业内杰出医生而倍感荣耀的亲戚，母亲则通过二女儿重新与疏远已久的娘家建立了桥梁。她深知母亲的苦衷，是全家的贴心小棉袄，身为常被忽视的二女儿，她不断为家庭操劳，试图以卓越成就证明自己的存在，同时也在寻找父亲的影子，弥补母亲的遗憾。

小女儿出生得晚，家里有很多秘密都瞒着她，她想知道背后的秘密，于是偷偷跑去台北找父亲。母亲把经营了大半生的餐馆给她经营，却又不放心把餐馆交给她，仍旧事无巨细地控制。小女儿在心里埋怨母亲：不让人家做自己喜欢的事，又来怪人家什么都做不好。相比之下，遥远的父亲看起来闪闪发光、可亲可敬，近距离怨怼的母亲看起来面目可憎。对父爱的渴望，对母亲的忠诚，对父亲的情人"蔡阿姨"的同情，撕扯着她的心，她却被母亲视为"叛徒"。

在这样的纠缠中，每个人生活得都很沉重。

所以，家族成员，无论在世与否，或因何种原因离开了家族的物理空间，他们始终是家族系统不可分割的一部分。家族系统中的情感、信念、行为模式和代际传递的创伤，如同暗流一般，持续影响着每个家庭成员的生命轨迹，包括情感与心理健康、人际关系、自我认知与身份认同、应对机制、职业选择与发展、财务管理、生活方式，以及育儿方式等。和解的方式，就是让"消失"的他回到自己的位置，即使他是一个不堪的父亲。当恨融化，爱开始流动，林秀英看到了丈夫一生的纠结、愧疚和爱，也终于看到了女儿对于父爱天然的渴望，最终她放下了执念，不再怨小女儿的"背叛"、大女儿的"逃离"、二女儿的"执拗"。

影片最后，林秀英把丈夫送给女儿的三个红包分给了孩子们，小女儿从抽屉里拿出之前去台北父亲买的甜点和姐姐们一起分享，她们互相打趣，吃着、说着、笑着。那一刻，父亲终于重回家庭系统，堵塞的爱开始在女儿们的心田和家庭中流动。

当缺席者的故事被温柔安放，家族之河终将在接纳与包容中奔向更开阔的海洋。正如家庭治疗大师维琴尼亚·萨提亚认为的那样，当家庭陷入困境时，80%的痛苦来源于他们应对问题的方式——指责、讨好、打岔或超理智，而不是冷静面对问题。

在《孤味》的余韵里，我们看到，每个家庭都值得在理解与慈悲中重写属于自己的团圆剧本。而林秀英的身影渐行渐远，家族女性们在晨光中各自启程。这幕场景恰似经过疏浚的河道，每个成员都属于这条河流，同时又都被允许有独立的支流。

3. 家族之河

在家庭之河的现在和未来之间，我们扮演着传承者的角色。我们是家族系统链条中不可缺少的一环，具有承前启后的责任。回想已经离世的祖辈，他们最让我们怀念的，并非他们留下的物质财富，而是那些深深影响着我们的品质、观念和生活习惯。这些无形的精神财富，是他们穷其一生领悟与实践的结晶，通过言传身教，如春风化雨般，悄然塑造着家风。生命就是如此，如一场接力赛，每一代人都在奔跑中接过上一代的接力棒，再将它稳稳交给下一代。

这种传承，既是家族血脉的绵延，更是精神与文化之火的接力与传递。它帮助我们在过去、现在和未来之间建立了链接。对于孩子而言，这种链接让他在看似虚无的生命中感受到了笃定和归属。他们将领悟，生命犹如一条不息的河流，在流动中延续，在延续中焕发新生。这种流动感让他意识到，自己不仅是独立的个体，更是家族历史长河中的一部分，既承载着过去的记忆,也肩负着未来的希望,这也是孩子人生动力的重要部分。

作为父母,我们有责任多让孩子感受大家族的力量,多去加强这种链接。如果父母不与我们共同生活,那么要常带孩子看看他们,与他们保持那份紧密的情感联结,听听他们给孩子讲家族故事,让孩子知道自己的根深深地扎在家族的土壤里。如果父母和自己一起生活,我们更要谨防他们成为孩子的保姆,明确他们作为祖父母的位置。我们应当告诉孩子,祖父母已步入晚年,应当享受平静安宁的生活了,尽管他们依然愿意帮助我们。对此,我们要心怀感激。

通过这样的言传身教,孩子会从我们对父母的爱与敬重中,学习如何去爱并敬重祖父母。这样的敬重和爱会成为他性格中不可或缺的一部分,他也会从祖父母身上汲取优秀的品质,像我们一样,怀着满足和感恩说:"亲爱的爸爸妈妈,你们给予我很多,是你们让我能在这个世界上这样幸福地生活。"如此,孩子既深爱着我们,又不会被我们的关系束缚。他们是独立的个体,同时又拥有自由的思想,与这个世界保持着亲密的联系。他将沐浴在整个家族的福泽之中,同时将这种福泽继续传递给下一代。

第2章

自主——完成自己的独立宣言

2.1 人生是旷野,爱是目送而非牵引

电影《抓娃娃》中,居住在西虹市的超级大富翁马成钢和第二任妻子春兰生了个儿子马继业。为了避免马继业沉溺于奢华生活,失去奋斗的动力,马成钢夫妇决定隐藏自己的真实财富,搬到马成钢小时候长大的破落大院里生活,在儿子面前扮演贫困的角色。

为了让马继业养成吃苦耐劳、精打细算、坚持不懈的品质,他们对儿子严格控制,一旦马继业稍微偏离预设的轨道,就用"卖惨"和道德绑架的方式,激发马继业内心的韧性和追求卓越的决心。

马继业成长中的每一次选择、每一个进步,都在父母和团队的严密观察之下。他就像生活在西虹市的"楚门的世界"里,周围的一切看似自然,实则都是人为操控的结果。最后,当马继业发现父母的欺骗与操控时,内心的愤怒与失望彻底爆发。

马成钢夫妇的这种"爱",表面上是为了孩子的未来着想,实则是一种以控制为核心的教育方式。然而,这种爱并不利于孩子的成长,它会对孩子的心理造成深远的负面影响。父母的爱,应当是支持与引导,而不是束缚与控制。

1. 父母之爱是无私的成全

民间流传着一则发人深省的故事：

两位妇人都说自己才是孩子的妈妈，为此争上了公堂。

包公让两个女人争夺孩子，谁胜了孩子就归谁。于是，一个拼命抢，孩子疼得大哭；另一个怕伤到孩子，含着泪放手了。

抢到孩子的女人很高兴地说："大人！我抢到了，孩子是我的了！"

包公一拍惊堂木："大胆刁妇！只有孩子妈才知道心疼孩子！"于是，把那个刁妇重打了二十大板，孩子还给了生母。

两位妇人争夺孩子的场景，恰如一面镜子，映照出了真爱与伪善。那位因心疼孩子而含泪放手的妇人，才是孩子真正的母亲。与电影《抓娃娃》中马成钢夫妇的爱不同，她的爱超越了占有欲，是父母之爱的真正内核，正如老子所说："生而不有，为而不恃，长而不宰，是谓玄德。"父母之爱的最高境界，正是这种无私的成全：我们赋予孩子生命，却不占有他；我们为他付出，却不依赖他；我们陪伴他成长，却不主宰他。

"占有"意味着力量的对比、不平等及控制。如果父母以占有者的姿态去控制孩子，只会导致两种结果，要么孩子完全顺从父母，放弃自我，成为父母的附属品；要么孩子奋起反抗，试图挣脱束缚。所以，父母只有放手，让他们独自行走、工作，不断认识更多人，并且与越来越多的人建立关系，之后渐渐远离我们的视线，如此，他们才能成为独立的人。

和一般意义上的爱有所不同，父母之爱绝不只是温暖、温情与快乐，也不仅仅是给孩子提供优渥的物质条件，父母之爱还意味着一种责任和义务，支持孩子的学业，关心他们的生活，教导他们为人处世之道，帮助他们明白人情世故，引导他们成长为对社会有益的人。

小时候，父母曾对我说："抚养你、教育你长大是我们的责任和义务，我们会养你到十八岁，所以，你现在要努力学习技能，因为我们以后不会一直陪着你。"我至今还记得他们说这句话时认真的样子，这句话给我安定，让我感受到他们对我的信任。

几十年后的今天，学生小荷对我说："除了成绩，我觉得自己没有什么能回报爸妈的。"看着她惭愧的表情，我想起父母的话，于是认真地对她说："你不需要回报他们，因为为你付出是父母的责任和义务。"她惊异地看着我说："那你不希望你女儿给你回报吗？""不，我希望她过自己想要的生活，你的父母也是这样期待的，他们只希望你过得好。"我微笑着看着她。

许多孩子像小荷一样，没有人告诉他们父母对孩子付出是正常的，孩子接受父母的爱与付出也是正常的。所以，小荷认为妈妈辞去工作离开原来的城市,来到这里租房子陪读,都是为了她,以至于每当考不好她就有负罪感。而这种负罪感不能帮助她进步,反而更影响她的学习状态。

还有些父母常常对孩子说:"为了你,我牺牲了……"这样的话语会让孩子心怀愧疚,严重的可能到孩子成年依然背负一种负罪感和不配拥有感。作为父母,我们要让孩子轻装上阵,为自己拼搏,而不是让他们背负沉重的心理负担。

从某种程度来讲,父母之爱应该是一种对孩子没有压力的爱,是一种放手的爱。只有我们明白了父母之爱的本质,才能退后三步,让自己站在合适的位置,做幸福的父母,让孩子自主成长,构建属于他们自己的世界。正如诗人纪伯伦所说:"爱除自身外无施予,除自身外无接受。因为爱在爱中满足了。爱不占有,也不被占有。"

2. 人生是旷野,不是轨道

想象一下,你住在一家极尽奢华的酒店,这里的生活几乎完美无缺。每天清晨,你从柔软的床榻上醒来,就有专人送来各式各样的美味佳肴。无论是精致的早餐、丰盛的午餐,抑或浪漫的晚餐,每一餐都由顶级厨师精心烹制,满足你所有的味蕾需求。

你可以随心所欲地安排自己的时间,做自己喜欢的事情:在泳池边享受阳光,在温泉中舒缓身心,又或是去爬山,与大自然亲密接触,感受清新的空气和壮丽的景色。这里没有家务的负担,没有日常琐事的烦恼,酒店为你提供了全方位的服务,包括最先进的医疗服务。

你还可以带全家人一同入住,享受这所有的奢华与便利。每天还可以认识很多新朋友,拓展自己的社交圈。最重要的是,这里的一切都是免费的,但只有一个条件:一旦住进这个酒店,就永远不能离开。

这样的酒店几乎每个城市都有,它们被称为"动物园"。在那里,动物们正在享受着一种"豪华监狱"般的生活。人们为它们铺上草地、砾石地,栽上树木、铺设水池,尽量与它们生活的环境非常相似。在那里,动物们不用为寻找食物和安身之地而奔波,也不用躲避捕食者的追捕。乍一看,这种生活真不错。然而,动物们却无法为自己的生活做出任何选择。这片看似旷野的地方,其实就是一条轨道。它们的生活被完全掌控在人类手中。

心理学家马丁·塞利格曼教授提出了"习得性无助"的概念。他指出,当个体长时间无法控制局面,认为自己怎么做都无法改变自己的处境时,就会变得消极被动,不愿意再做任何尝试,从而忽视甚至放弃改变现状的机会,还有可能导致抑郁。

伦敦大学的迈克尔·马蒙特教授的研究进一步证实了这一点。他通过研究发现，工作中控制权越少，工作期间的血压越高。那些在工作中缺少决策权的人，不仅更容易背部疼痛，患精神疾病的概率也很大。

相比成人，孩子的控制权就更小了。清晨六点的闹铃、上学路上的拥堵、未完成的作业、不够理想的成绩，以及可能面对的批评，都成为他们生活中的束缚和压力。如果孩子不能"战斗或者逃跑"，这种压抑状态持续久了，轻则损害孩子的内在驱动力，重则给身心健康带来危害。

李睿在上小学时就喜欢打游戏，初一下学期更是萌生了成为职业电竞手的想法。起初，他的父母不同意，后来看他打得不错，又真心喜欢，就同意了。初二和初三这两年时间里，他几乎没有写过作业，把时间和精力都投入到了比赛中，后来就很少来上学了。直到初三下学期，他选择重返课堂。

起初，我对他的关心处于"小心翼翼"的状态。在一次以"路"为主题的作文中，我发现他在休学期间成为职业电竞选手，并获奖无数，这让我大吃一惊，同时也如释重负。我想征求他的意见，看是否可以在班上分享他的文章。找到他时，他给我展示了自己获得的荣誉，其中一款游戏还获得了全国冠军。

"现在为什么不打了呢？"我问。他说："电竞本来就是青春饭。我现在不打比赛了，游戏也一点都不碰了，因为我体验过了，我得到了满足。我现在准备参加中考，之前成绩也不差，拿出打电竞的精力，相信可以把缺的课补上来。我以后想要考法学当律师，或者学医成为一名牙医。"他目光炯炯，一脸笃定。

关于是否分享文章，他说："老师，还有五十多天就中考了，我在这个班级只不过是一个过客，而且不是所有人都能像我一样得到满足，所以就不分享了吧。"他微笑着表达了自己的想法。

一个被满足的孩子，不需要外在的认可。他的经历让我想起六年前一位叫"芃"的学生。初一时，他几乎是班级前三名，即使同桌是班级最调皮的孩子，他都不会被打扰。然而自律、品学兼优的他，却因为喜欢上电竞而与父母产生了激烈的冲突。父母坚决反对，甚至把键盘砸了，电脑扔了。整个初中，他都在和父母的对抗中度过。最后，中考成绩一落千丈。复读一年后，进入一所普通高中。

同样是喜欢电竞的孩子，他们的人生却大不同。我不能简单地评判谁对谁错，毕竟每个孩子和家庭的情况都不一样。但是，陷入了挫败、愧疚与自我怀疑的孩子，就像一朵枯萎的花儿；一个获得满足的孩子，就像一艘踌躇满志的航船，向着自己期待的方向扬帆起航。

人生是旷野，不是轨道。如果我们无法在这辽阔无边、荆棘丛生的旷野中为孩子铺设万无一失的安全轨道，那么唯一能做的就是站在孩子身边，给予他们充足的爱与支持，安心、用心地做一个陪伴者和启发者。当孩子还在我们身边时，我们要担起养育的责任，无怨无悔地付出，并在付出中找到满足感。随着孩子的成长，我们要学会放手，目送他远走高飞。这种放手并不意味着爱的终结，而是爱的延续。即使他们走向更广阔的世界，我们的爱与支持依然是他前行的动力。

2.2 独立是走向成熟的第一步

无论多么不愿意,家长们都必须承认一个事实:孩子终将完成物理和心理上的"离开",独自面对生活的挑战。只有这样,他们才能真正建构自我,成为一个独立、完整的个体。所以,从童年开始,我们就应该着手培养他们的独立能力,包括生活独立、情感独立和思想独立。

生活独立是孩子走向成熟的第一步。孩子应该学会不依赖别人,用自己的双手和智慧去创造一个舒适、有序的生活环境。这不仅包括日常的家务劳动,如整理房间、做饭、洗衣等,还包括管理自己的时间、金钱和健康。这些看似简单的实践,实际上是孩子自我管理和自我服务能力的体现,它们将为孩子将来的独立生活打下坚实的基础。

情感独立是孩子心理健康的重要标志。它意味着孩子能够自由选择自己的生活方式,在理解他人、关心他人的同时能够保持自我。情感独立的孩子既不会将自己的喜怒哀乐完全寄托在他人身上,也不会因为害怕失去某段感情而去控制或者讨好对方。他们能够建立健康的人际关系,同时保持自己的个性和自尊。

生活和情感独立的孩子才可能进一步做到思想独立。思想独立的孩子不会盲目听从他人的意见,也不会故步自封。面对各种选择和挑战时,他们不为外界的压力和诱惑所动摇,坚守自己的原则和底线,在此基础上运用批判思维做出决策。

培养孩子的独立能力,并不是一蹴而就的,而是需要父母在日常生活中不断引导和支持。

1. 生活独立从家务活开始培养

五岁半的小婉教两岁半的弟弟小洵学叠衣服的过程,我一直记忆犹新。

"来,小洵,跟着我做,我们先拎起秋裤的腰部。"小婉一边说,一边轻松地拎起秋裤的裤腰。小洵抬头看着姐姐拎得比自己高出一头的秋裤,感觉有困难。"在这里!"他拍着床示意姐姐。

小婉立刻心领神会:"好,来,我们一起把它铺平整。"说着,两人分别把自己手上的秋裤平铺在床上。"接下来,我们先拿起一个裤脚,再用另一只手握住裤子的另一头。"她示意弟弟,可是弟弟两只手都拿着裤腰。小婉指了一下裤脚,弟弟终于懂了,把另一只手移到裤脚上。

"现在,我们要拎起这一头,向另一边折叠,确保两边完美对齐。"小婉边说边做示范,"你看,这边没有重合,我帮你把它对齐。"小婉帮弟弟整理了一下。

"看好了,像这样对齐。"小洵踮起脚尖,学着姐姐的样子,两人成功完成了裤筒的第一次对折。"接下来,我们拎起裤脚往裤头方向对折,再对折。"小婉指着裤脚说。小洵跟着姐姐对折了起来。

三次对折后,小洵的秋裤鼓成个歪歪扭扭的面包卷,他急得鼻尖沁出汗珠。姐姐见状,帮他拍打了一下,裤子就变平整了。

"你看,这样就叠好了。"小洵和姐姐面对床上的裤子,相视而笑。

这就是一个很好的"和我一起做"的案例。两个小家伙身上笼罩着一层温柔而自信的光芒。家务活看起来是琐碎的日常事务,但它在家庭成员之间传递着爱与温暖,也在潜移默化中培养了孩子的价值感和责任感,给予孩子走向社会的底气。所以,让孩子参与家务劳动,这是最朴实却最有效的教育方式之一。

回想起我的童年,干家务活就是我们姊妹几个生活的一部分。平日里,除了洗自己的衣服以外,我们还要帮父母分担洗碗、择菜、刷锅等家务。到了农忙季节,父母去地里干农活,我们几个就要承担起更多家务。

当然,家务分工并非总是顺利。有时候,我们也会因为谁洗碗、谁扫地而争执不下。这时,我们就用"剪刀、石头、布"来决定。输了的人如果不想干,还可以用一张珍藏的糖纸或者"明天我来喂牛"的承诺来交换。在这个过程中,我们学会了通过"唇枪舌剑"来表达自己的需求,同时也学会了倾听他人的想法。比如,负责收拾碗筷的人要考虑把碗筷放进洗碗池,而不是直接放在厨房的台子上;洗碗的人要提醒并等待送碗筷的人;年幼的小妹只能负责摆筷子、搬椅子等力所能及的小活儿。渐渐地,分工就在不知不觉中形成了。

通过这样协商、选择、决策、协调和组织,我们不仅掌握了手眼协调、统筹规划等技能,还学会了根据不同人的特点和喜好进行分工,站在别人角度思考更高效的干活儿方式。这些经历让我们从小就懂得了团队合作的重要性,甚至在不经意间培养了领导能力。

当我们要学习一种家务活时,父母通常会采用循序渐进的方式来指导我们。以扫地为例,通常有四个步骤:

第一步,做给你看。妈妈拿起笤帚,一边扫一边示范,然后把笤帚递给我,让我尝试。

第二步,一起做。妈妈和我各拿着一把笤帚,她带着我一起扫地,边做边讲解要领。

第三步,看你做怎样。当我掌握了基本方法后,妈妈便放手让我独立完成,自己去忙别的事了,边忙边转头看着我,发现干活儿不得法,再给予简单的指导。

第四步,独立完成。经过多次练习,直到我完全掌握这项技能。

在这个过程中,妈妈完全接纳我的笨拙和不完美,没有着急要代劳,甚至没有批评和指责,而是耐心陪伴和鼓励我。这种教育方式不仅让我学会了家务,更让我感受到了被信任与支持的温暖。

2. 情感独立从独立解决问题开始

小洵爬上一个倾斜的栏杆,突然发现自己离地面好高,于是他哭喊着伸手要爸爸抱,"你抓住栏杆一步步往下走就可以了。"爸爸说。

他克服恐惧,走了两步,又朝爸爸伸出求助的手,嘟嘟囔囔地哭喊着已经不连贯不清晰的字眼,眼神里满是紧张和害怕。爸爸说:"往下面走,你看,台阶越来越少了,还有最后三个哦。"孩子低下头,带着恐慌继续往下走,终于,他双脚稳稳踏在了地面,脸上露出了笑容,向爸爸跑去。爸爸的鼓励与坚持让一个孩子克服恐惧完成了一小步的独立。此时的他多像一位凯旋的小战士。

独立并不是一件容易的事,当孩子背着小书包去幼儿园,独自面对陌生的环境,他一步三回头,大声地哭喊,紧紧抓住妈妈的手不放开,是依赖还是独自面对?存在心理学家罗洛·梅用了一个梦境作为比喻:"我在一条与大船拴在一起的小船上。当时我们正在海洋中行驶,海浪汹涌而来,撞击着我的小船,我很担心,我想知道小船是否还与大船拴在一起"。

小船就是孩子的隐喻。要知道,只有人类拥有其他所有动物都没有的非常漫长的童年。我们没有皮毛,也没有翅膀,没有人照顾就面临死亡,被抛弃的恐惧早已被写进基因,安全感的需求伴随人类始终。在前进的过程中,孩子要确信父母会支持他,帮助他,不管走多远,那只大船一直都在。

大船就是父母,父母的爱与支持、他们的温暖与笃定会给孩子安全感,让孩子可以从内到外整合环境的要求和父母的期待,即使心怀对未来的恐惧,也会选择勇敢前行。这是保证孩子情感独立的第一步。同时,情感独立是一个循序渐进的过程,它还需要父母在日常生活中通过具体的方法和耐心的引导,帮助孩子真正实现自主。

一天,小郭回到家中,生气地坐在沙发上,一言不发。妈妈见状,在他身边坐了下来,轻声问道:"孩子,发生什么事了?"

小郭委屈地说:"今天同桌又和我发生冲突,我再也不想跟他坐一起了。"妈妈已经不是第一次听他抱怨了。这一次,似乎更严重些。

妈妈问:"你现在的感受是什么呢?"小郭回头看了妈妈一眼说:"妈妈,我现在很生气,感觉自己内心积压的情绪快要爆发了。我再也不想继续这样下去了,我想找老师调换座位。"

妈妈听后,问道:"我理解你现在的心情,你一定想尽快调换座位。但马上就要期末考试了,这时候找老师调换座位,你觉得最坏的结果是什么?"

小郭:"最坏的结果就是,老师觉得我不好好准备期末考试,给他添麻烦,座位没换成还把我批评一顿。"

"所以,老师不同意给你调换座位也很正常。那你有预案吗?"妈妈继续引导。

小郭:"还没有,我再想一想。"

一个星期后。

小郭一进家门就开心地喊:"妈妈,老师答应给我调换座位了。"

妈妈:"是吗,你怎么做到的?"

小郭:"我想,老师有可能不同意,所以我先找可以和我调换位置的同学,大李就是最佳人选,因为他和我同桌以前就同桌过,俩人相处没出现什么问题。上周,每天我都陪大李打球,后来当我向他提出调换位置的想法时,他就同意了。然后我和他一起去找了老师,老师一看我们都商议好了,也没说什么,说明天给我换。"

第二天,小郭回来失望地和妈妈说:"老师今天就没提换座位的事。"

妈妈:"那你觉得老师为什么没提换座位的事?"

小郭:"有可能忘记了,也有可能他不想给我换。"

妈妈:"你觉得他为什么不想给你换?"

小郭:"妈妈,我知道该怎么办了。"

第三天,小郭圆满换了座位。

他回来告诉妈妈:"我向老师补充说明了自己想调换座位的原因,是想在期末考试前专心复习,和丁然同桌可以一起讨论数学,互相促进,而大李和我的原同桌以前同桌的时候也相安无事。并且,我选择午休前老师不忙的时候说明情况,这样老师便直接让我俩换了。"

妈妈:"祝贺你哦,那你从这件事中学到了什么?"

小郭:"对于自己不满意的事,要想办法改变。只要我们想改变,办法总会有的。"

妈妈:"很好,还有吗?"

小郭:"我站在老师角度考虑老师担心什么,然后先把这个问题解决了,我的事情也就好解决了。"

妈妈:"你考虑得很周到,没有因为老师不给你换座位而埋怨他,也没有去找别人的问题,而是讲自己的需求,很理智地解决了这个问题。那么,你觉得还有什么要改进的吗?"

小郭:"我可以提前和同桌说自己为什么要换位置。这个想法可能会让他不高兴,但也可以试一试。然后前后位也要打个招呼,再和丁然说一下。"

小郭妈妈就这样站在孩子身后,没有打电话给老师,也没有去找同桌的父母,甚至没有给小郭提供任何解决方案,而是通过事前预演、事后复盘的方式,巧妙地帮助孩子学会独立思考和解决问题。具体来说,主要分为下面三个步骤:

第一步:自我觉察

当事情发生时,妈妈引导孩子先自我觉察,并将觉察到的情绪清晰地表达出来。她会问:"你现在的感受是什么呢?"我们还可以问:"你的身体有什么感受?你的内心在经历什么?"

如果孩子无法表达当下的情绪,可以通过"你感到……是因为……你希望……"句式和孩子交流。例如:"你感到很生气,是因为你的同桌经常在你旁边打闹,你希望他不要影响你,到教室外面去玩,是吗?"还可以问:"如果有一个魔法棒可以带你回到你的同桌打闹的现场,你会怎么做呢?当你这样做的时候,你的同桌会有怎样的反应呢?"通过这样的引导,启发孩子看见自我。

同时,我们要学会倾听并承认孩子的感受。当孩子向我们表达他们的感受时,比如"这个菜很辣!""今天热死了!""我很难过!""我同桌烦死了!""我不去想上学!"他们最希望得到的是被倾听,就像奔流的情绪河流得到了大海的接纳一样。等他们归于平静时才能客观地看见、解释并调整自己的行为、感受和想法,进而看见、理解别人的行为、感受和想法。

第二步:事前预演

在事情发生之前,妈妈和小郭一起讨论可能遇到的挑战和场景。她会问:"做这件事会遇到哪些挑战?有可能会出现哪些场景?最坏的结果是什么?"这种预演不仅可以帮助孩子提前做好心理准备,还能激发他的思考能力。

如果是比较重大的事件,比如孩子第一次独自出远门,那么父母可以和孩子一起制定详细的预案,讨论各种可能发生的情况。在这个过程中,父母只要做一个倾听者、启发者和引导者,多多启发孩子去思考,让孩子自己做选择。

孩子从进幼儿园开始,他们经历的大部分事情父母都不在场,即使提前做了全面预演,绝大部分情况也都要他们自己去面对和解决。父母应该选择相信孩子,放手让他们自己做决定,并允许他们犯错。只有在一次次的实践中,孩子才能真正成长。

每一次独立解决问题的经历,都会让孩子获得前行的力量。

第三步:事后复盘

当事情结束后,妈妈和小郭一起复盘整个过程。家长可以这样引导孩子复盘,比如通过"从这件事中你学到了什么?被人拒绝的时候你有什么感受?是什么让这件事峰回路转?过程中进展不顺利的原因是什么"等问题,帮助孩子从经历中提炼出有价值的经验,并引导他反思自己的行为和决策。这种复盘不仅让孩子学会了从失败中成长,还能帮助他更好地应对未来的挑战。

3. 在对话中培养思想独立

电影《完美陌生人》里有这样一个情节:

十七岁的女儿索菲亚给爸爸打来电话,说要在男朋友家过夜。

这真是一个棘手的问题。

如果简单粗暴地说:"不行,赶紧回来!"阻止的结果会让孩子心生叛逆,她若笃定不回来,父亲又能怎么办?

如果用道德说教:"你才多大,有点羞耻心好不好?"结果隔阂生成,对解决问题也没有任何帮助。

但这位父亲处理得非常智慧。

索菲娅:"我不知道要怎么开口,格雷戈里奥的父母不在家,然后他叫我……去他家过夜……爸爸,你在听吗?"

父亲:"嗯,然后呢?"

索菲娅:"我不知道,但是我想去……可我没想到是今晚。如果我不去的话,他可能会不高兴。我该怎么做?"

父亲继续温和地说:"不要因为他不高兴而去他家。"父亲又略思考了一下说,"这是你人生中一个重要的时刻,它不只是你明天和朋友聊天的谈资,而是会让你铭记一生的事情。如果你以后想起今天这件事,无论何时回想起来,它都会让你嘴角带笑,那你就去做吧;但如果你并不这么认为,或者不太确定,那就拒绝他,因为你们还有大把的时间。"

听到这里,索菲亚和电影外的我都被深深感动了。父亲的回答不仅避免了与索菲娅的争吵,更让索菲娅学会了独立思考,为自己的行为负责任,体现了他对孩子的尊重和信任。

批判思维对于孩子思想独立的培养至关重要。批判性思维运动的开拓者罗伯特·恩尼斯认为:"批判性思维是为决定相信什么或做什么而进行的合理的、反省的思维。"批判性思维的根本是"思维",它意味着把事情搞清楚,通过审视、推理把知识运用到新情况中,从而自己解决问题。

如何培养孩子的批判思维呢?

教育家詹妮弗·福克斯在《发现孩子的优势》中说:"你只要就一个问题问孩子五次'为什么',就可以帮他们达到对事情要旨的理解。"这就是持续提问法。

著名的苏格拉底式提问被称为最能培养批判思维的持续提问的方法,它主要通过精心设计的提问来推动对话、促进思考、探究真相。

首先要求澄清命题。比如:"你可以更详细地解释一下你的意思吗?""可不可以举个例子?"

然后用证据来推理验证。比如:"你是如何得出这一结论的?""你有什么证据?"

此外,苏格拉底式提问还通过转换视角引导人们看到其他不同的观点,以开阔思路、多维思考。例如:"其他人有什么观点?还有其他可能性吗?""你能举一个反例吗?"等。

当我们通过启发式提问引导孩子思考某件事的后果时,实际上就是启发他去思考自己真正想要什么样的生活。这种思考过程不仅能让孩子学会用负责任的态度做出决定,还能培养他们的判断力和解决问题的能力。就算孩子做出了错误决定,走了一段弯路,这些经历也会让他们从中吸取教训,调整方向,最终找到更适合自己的道路。

在日常生活中,我们可以利用各种机会与孩子进行深入交流。比如,在上学或放学路上,或者一起做家务时,我们都可以和孩子交流一天的所见、所闻、所想等,以爱、好奇、谦虚及信任为基础,认真倾听孩子的看法,而不是急于替他们思考,或将自己的想法强加给他们。这种平等而开放的对话,才有可能激发孩子的批判思维,促使他们学会独立思考。

生活独立让孩子拥有物理空间,他们能够照顾自己的日常生活,管理自己的时间和资源;情感独立让孩子拥有心理空间,他们能够理解和管理自己的情绪,不会过度依赖他人的认可或情感支持;而思想独立的孩子,则能更好地融入这个世界。他们从自我意识走向世界意识,能够以更开放的视角看待问题,理解他人,并与世界建立更深刻的联系。

2.3 发现孩子出类拔萃的独特性

我的奶奶,一位朴实无华的农村老太太,虽然未曾受过正规教育,却常常能说出很有哲理的话。比如"每棵小草都头顶着一颗露珠",这句话看似简单,却蕴含着诗意和温暖,意思是,即便是最平凡、最不起眼的小草,也有其独特之处,值得我们去发现和珍惜。

正如作家罗伯特·格林在《出类拔萃》一书中所说:"在你出生之际,一粒种子便被种下,这粒种子就是你的独特性。它想长大、蜕变、绽放出自己全部的潜力。对此,它有一种本能的、坚定的能量。"

每个人的生命中都潜藏着这样一粒种子,只是在教育孩子的过程中,我们往往过于关注他们的不足与缺陷,而忽略了这粒种子的存在。如果我们能够细心观察、耐心发掘,找到并珍视孩子的独特优势,那么就能在日常生活中找到启动孩子内在动力的钥匙。

一旦我们找到了那把钥匙,启动了孩子内心的马达,他们的自信、热情和创造力将如同泉水般喷涌而出。这股力量将推动他们勇敢地探索这个五彩斑斓的世界,不懈地追求自己的梦想与未来。所以，我们应该学会用一双发现美的眼睛去审视每一个孩子，用心去感受他们内心的渴望与追求，用爱与智慧去浇灌那粒潜藏于心的独特种子，让它在阳光下茁壮成长，绽放出最耀眼的光芒。

1. 看见孩子的独特优势

我们常常羡慕那些"被上天赏饭吃"的人，他们仿佛天生就拥有普通人难以企及的优势。莫扎特年纪轻轻便写下了第一首钢琴协奏曲的第一乐章，高斯十岁发现等差数列公式，这些天赋异禀的故事常令我们惊叹。而事实是，我们每个人都是独一无二的，如同浩瀚宇宙中的星辰，绝无仅有。这些区别于其他人的独特性，可能体现在技能、能力、兴趣或个性特点等各个方面。

1983年，世界著名教育心理学家霍华德·加德纳提出了"多元智能理论"。他认为，支撑多元智能理论的是个体身上相对独立存在着的、与特定的认知领域和知识领域相联系的八种智能：语言智能、节奏智能、数理智能、空间智能、动觉智能、自省智能、交流智能和自然观察智能。

小雯，一个对音乐无限热爱的小女孩，常常趴在客厅的沙发上反复听同一首歌，旁若无人地跟着唱。仅仅一个小时后，她就学会了整首歌，能完整地哼唱出来。

小柏,一个对汽车痴迷的孩子,他从小便与各种小汽车为伴,把小汽车拆了装,装了拆,沉浸其中,乐此不疲,甚至还经常和它们说话。

浩然,一个不折不扣的电脑小达人,自幼便对电子产品展现出浓厚的兴趣。小时候,他总是好奇地摆弄父亲的电脑。如今,他已经是班上的电教员,凭借着一身过硬的电脑技术,为同学和老师解决了一个又一个与电脑相关的疑难杂症。

以上例子,体现了孩子们的多元智能优势。

除了智能优势以外,孩子在性格上也拥有不一样的优势。1999年,积极心理学之父马丁·塞利格曼和心理学家克里斯托弗·彼得森通过共识命名法归纳出二十四种性格优势,这些优势跨越了民族和文化的界限,具体包括:

- 智慧和知识:好奇心、热爱学习、创造性、判断力、社会智慧、洞察力。
- 勇气:勇敢、毅力、正直。
- 仁爱:仁慈与慷慨、爱与被爱的能力。
- 正义:公平、领导力、公民精神。
- 节制:自律、谦逊、谨慎。
- 精神卓越:对美和卓越的欣赏、感恩、希望、信仰、宽恕、幽默、热忱。

然而现实生活中，父母往往更多地关注孩子外显的智能优势，而忽略了性格优势的重要性。事实上，性格优势不仅有助于培养孩子的智能优势，更能帮助他们以积极坚韧的态度面对生活中的挑战和困难，进而实现自我超越。

在家庭课堂上，每当我邀请家长们在三分钟之内写出孩子的优势时，能写出六个以上优势的家长寥寥无几，而且他们所提及的，往往局限于孩子擅长的具体科目或者技能，如数学、音乐或体育等。其主要原因是：身在"庐山"中，对眼前的"景色"视而不见，无法发现自家孩子的独特之处，反而习惯性地拿自家孩子与别人家孩子进行比较。

墨尔本大学心理学教授莉·沃特斯在《优势教养》中提到，构成优势的核心要素有三个：一是优异的表现，即在某项技能或活动中展现出超越常人的能力；二是充满激情，即对此项活动怀有浓厚的兴趣；三是经常用到，即个体倾向于频繁地参与这项活动，几乎成为一种习惯。对照以上三点，家长们可以根据以下三个问题对孩子进行观察，以此定位孩子的优势：

- 孩子最擅长的事是什么？
- 孩子在做什么事情时，我们从他们身上可以看到激情满满？
- 孩子经常无意识去做的一件事情是什么？

接下来，我将通过三个孩子学习钢琴的例子，来具体说明如何通过这些问题发现孩子的优势。

杨洋，一个十岁男孩。当其他孩子还在琴键上"摸索"时，这个戴着圆框眼镜的男孩便手指灵活，节奏感极强，能够轻松掌握复杂的曲目。在一次钢琴比赛中，他演奏了一首肖邦的《夜曲》，赢得了评委的一致好评。尽管他从五岁开始，就按母亲的意愿学习钢琴并取得了不错的成绩，但是，他更多像是例行公事，并不热衷于弹奏钢琴，缺乏那种源自内心的热爱和激情。

莉莉，一个十二岁女孩。她并不是学校里最出色的钢琴手，却是最勤奋的一个。每天放学后，她都会雷打不动地坐在钢琴前练习。即使没有老师的督促，她也会主动打开琴盖，一遍又一遍地练习自己喜欢的曲子。虽然能把曲子勉强完成，但略显生涩，缺乏一些灵动之感。

小桐，一个八岁女孩。她学习钢琴的时间并不长，但对钢琴的热爱却显而易见。每次坐在钢琴前，她的眼睛都会闪闪发光，仿佛整个世界都消失了，只剩下她和琴键。她特别喜欢弹奏节奏明快的曲子，比如《土耳其进行曲》，每当弹到高潮部分时，她的身体都会不自觉地随着音乐摇摆，脸上洋溢着满足的笑容。她的房间里贴满了自己喜欢的钢琴家的海报，书架上摆满了乐谱和音乐书籍。

由此看来,杨洋虽然比较擅长,但是他没有激情,只是在完成任务;莉莉充满激情但并不擅长;小桐不仅非常擅长,而且对弹琴这件事充满激情,有极强的自驱力,愿意投入时间。所以,三个孩子中,只有小桐拥有弹奏钢琴的优势。

优势往往是一种自然的流露,无须刻意追求。逸轩两岁时,爸爸带他去超市。他对商品架上的油画产生了深厚的兴趣。从那以后,画画便成了他生活中不可或缺的一部分。即使是餐巾纸,也能成为他创作的画布。外界的喧嚣似乎与他无关,他完全沉浸在自己的艺术世界中,忘记了时间的流逝。当妈妈展示了她在餐巾纸上栩栩如生的人物涂鸦时,所有人都为之惊叹。

通过这些案例,我们可以清晰地看到,真正的优势是需要符合以上三个核心要素的。家长们应该细心观察,用心倾听,通过提出并回答这三个问题,帮助孩子发现和培养他们的优势,让他们在成长的道路上更加自信、更加快乐。

对于每一个个体,尤其是孩子,他们的自信来自哪里呢?来自我们对他们的独特性的认可、珍惜和重视。这是一种最好的看见,也是他们生命的意义——成为他自己。

2. 让优势发挥积极作用

"优势星球"的创始人崔璀老师讲过一个故事,让我非常动容。

有一天，一个小女孩的妈妈收到老师的建议，说女孩患有学习障碍症，坐不住，这是病，得治。

于是妈妈带着女孩去了医院。医生让孩子坐在椅子上。当着医生的面，妈妈和医生足足讲了二十分钟小女孩在学校里的糟糕表现：她总是坐不住，总是晚交作业，等等。

最后这个医生走到小女孩身边，对小女孩说："你妈妈和我说了很多，现在我要单独和你妈妈谈一下，你在这里等一下，我们马上回来。"

然后医生便和妈妈出去了，但出去前他把办公室里的收音机打开了。走出房间，医生对妈妈说："我们就站在百叶窗外面观察一下她。"

他们离开房间后，小女孩站了起来，她跟随着收音机里的音乐跳起了舞。自然而然，那样好看。医生转头跟妈妈说："你的孩子没病，她是个舞蹈天才。让她去舞蹈学校吧。"

许多年后，一位教育学家采访这个女孩，她回忆起了自己被送进舞蹈学校后的情景，她说："我都没办法形容那里有多棒，那里有许许多多和我一样坐不住的人，我们必须在动态中才能思考。"

后来，这个女孩考入了皇家芭蕾舞蹈学校，成为知名的芭蕾舞演员，并且制作出了百老汇历史上最经典的剧目《猫》《歌剧魅影》,为上万人带去了绝妙的体验。

这个女孩就是著名的舞者吉莉安·林恩,一位杰出的现代编舞者、舞蹈实验者、女演员和导演。

每个人都有其独特的优势,同样,也都有劣势。大脑往往让我们首先关注到负面信息,进而产生消极的思维模式。当我们满眼都是孩子的劣势,特别是面临社会压力时,自身难免会焦虑。此时,我们要意识到,其实并非孩子全身都是毛病,只是我们选择性关注了他的劣势而已。

这种倾向在日常生活中屡见不鲜,尤其是在面对孩子的成绩单时表现得尤为明显。想象一下,当你拿到孩子的成绩报告单,上面赫然显示着一个"A+",五个"A"和一个"C",你最先关注的是哪一个?大概率你的目光会不由自主地落在那个"C"上,因为它可能直接关系到孩子能否考上好的高中或大学。然后,开始担忧:"数学不好,以后物理化学也学不好,物理化学学不好,高中都考不上啊。"于是,忍不住对孩子发出责备:"你看你啊,让你多刷刷题,你偏不,这个分数怎么行?"这样的反应,不仅会让孩子感受到挫败,甚至可能对得"C"的这门学科产生厌恶。

如果我们换个角度,从孩子的优势学科入手,让他们的优势发挥积极作用,那么或许能带动弱势学科的发展。

小羽喜欢语文,成绩优异,他在学习语文的过程中获得了满满的成就感，从而更加愿意投入时间和精力。如果我们能帮助他在数学上找到类似的成就感，或许就能让他像爱语文一样爱上数学。于是，小羽父母做了以下几件事。首先，继续巩固他在语文方面的优势，同时为数学设定阶段性的目标，从月考到期中、期末，并且鼓励他发挥坚持不懈的优势，每日坚持做计算练习；其次，他们还积极与老师沟通，让孩子感受到数学老师的关注和认可。老师对他获得的进步给予了表扬和赞赏，这样他便与数学老师建立了很好的关系。这些努力逐渐提升了小羽学习数学的兴趣，成绩也有了显著提升。

电脑高手浩然的数学逻辑能力特别强，初中就自学了高中的数学知识，但是，他的语文智能偏弱，写作和语言表达都不够好，这让他一度非常痛恨语文。他常常在班中不合时宜地炫耀自己的数学解题技巧，很多同学都不喜欢他。但我发现，他身上有一股不服输的劲头，喜欢钻研难题，而且喜欢阅读历史书籍。于是，我在课堂上特意为他设计了一些与古今中外的名人案例相关的论述题目。渐渐地，这些题目不仅激发了他的学习兴趣，还让他的课堂积极性越来越高了。另外，我还利用他记忆力强的优点，让他在诗文背诵比赛中大显身手。在写作方面，他写字不是很好看，我就鼓励他通过电脑写作，并且在新启动的公众号上发表他的文章。发表两篇文章后，他对写作越来越有信心了。

为了在考试中获得更高的作文分数，他的字写得也越来越工整了。

这两个例子说明，关注并利用孩子的优势，不仅能够提升他们的自信心和学习兴趣，还能够带动弱势学科。所以，我们要切换视角，敏锐地捕捉到孩子身上那些独特的闪光点，给予他们充分的肯定和赞赏，以此激发他们的内在动力，打开孩子的优势开关。之后，再关注孩子有哪些地方需要提升，同时，思考劣势背后的原因是什么，也许会有新的发现，因为优势有时候会戴着劣势的面具出现。通过这样的分析，我们不仅能够帮助孩子找到改进的方向，还能够引导他们学会从错误中吸取教训，不断成长。

2.4 逆反是生命拔节的声音

九岁的朵朵在卧室门上贴了一张醒目的"禁止入内"大纸条，仿佛在向全世界宣告她的独立领地；小袁偷偷拿走手机，半夜躲在被窝里打游戏，享受着不被父母发现的"自由"。

还有的孩子对父母的催促自动屏蔽，用顶嘴、拖延、翻白眼，甚至和父母对抗来表达自己的不满。家长越着急孩子越磨蹭，不让他们干什么他们偏要干什么，从刷牙、洗脸、吃蔬菜到写作业、睡觉、起床、使用电子产品等，每天都在斗智斗勇。父母越是着急，孩子越是磨蹭；父母越是禁止，孩子越是反其道而行之。父母的期望越高，孩子的逆反心理似乎就越强。

什么是逆反心理呢？儿童行为心理学家戈登·诺伊费尔德指出，逆反是人们在受到强迫时产生的本能，是一种自发的反抗心理。当一个人感受到被控制和压制时，都容易产生逆反心理。逆反不只发生在"可怕的两岁"和"恐怖的青春期"，每个年龄段都有可能出现逆反心理，因为没有人喜欢被控制，尤其是孩子。

1. 人人都有逆反心理

丫丫两岁时，和我的对话模式通常是这样的：

- "喝奶了。""不喝!"
- "快去洗澡。""不去!"
- "睡觉了。""不睡!"
- "快来穿上衣服。""不穿!"

那段时间,无论我们说什么,她都会在这句话前面加上一个"不"字。话音一落,她便会笑嘻嘻、狡猾地看着我。看得出来,她对这个新学的"魔法词"非常满意且自豪。这个小小的"不"字,仿佛成了她探索世界的第一个武器,让她感受到自己的力量。

两岁的"不":自我意识的萌芽

两岁是孩子自我意识开始萌芽的阶段,心理学家称之为"第一叛逆期"或"自主性发展阶段"。此时的孩子开始意识到自己是一个独立的个体,他们渴望通过语言和行为来表达自己的意愿。丫丫在所有话语前加上"不"字,这不仅仅是语言的发展,更是她自我意识的体现。她并不是真的拒绝喝奶、睡觉或穿衣服,而是在用这种方式宣告:"我有自己的想法,我可以自己做决定!"有了自己的意志以后,她开始意识到自己可以选择:我喜欢这本书而不是那本书;我想要玩一会儿之后再喝奶,而不是现在喝;我要自己爬上阶梯,而不是被妈妈抱着……

这种"叛逆"其实是孩子成长的标志。她通过说"不"来探索自己的边界,同时也试探父母的反应。作为家长,我们需要理解这一点,而不是简单地将其视为"不听话"。适当的引导和耐心的沟通,可以帮助孩子在这个阶段建立科学合理的自我认知。

青春期的"不":寻找自我身份

转眼间,丫丫已经十三岁了。曾经的"不"字再次出现在我们的对话中,但这一次,她的语气更加简洁有力:

- "空调该关了。""不行!"
- "要去剪头发了。""不要!"

她的回答简短而坚定,潜台词是:"你说的不算!"我的脑海里闪出两个字——逆反。青春期的她,正在经历人生中的第二个叛逆期。这个阶段的"不"字,不再是单纯的自我表达,而是对权威的挑战,对独立的渴望。

青春期是孩子从依赖走向独立的关键阶段。此时的他们,身体和心理都在经历巨大的变化。他们渴望被尊重,渴望拥有自己的空间和决策权。丫丫的"不"字,正是这种心理需求的体现。他们不再愿意被动接受父母的安排,而是希望通过反抗来证明自己的独立性。

这种逆反心理并非坏事,而是孩子成长过程中的自然现象。它标志着孩子正在努力寻找自己的身份,试图在家庭和社会中找到自己的位置。有了自我意志,才能发展自主能力。如果这种脆弱的"逆反"得到支持、保护和引领,那么即使依然会有逆反心理,也会温柔很多,并且每次持续的时间也不会很长。作为父母,需要调整自己的角色,从"指挥者"转变为"引导者",给予孩子更多的尊重和理解。

逆反心理有两种表现形式。一种是"我"要选择,是有意识的对抗。孩子通过说"不"来表达自己的意愿,这是一种自我意识的觉醒。这种情况,父母无须过多干预。另一种是顽固任性,属于无意识的对抗。孩子并非真正有自己的选择,而是为了反抗而反抗。这种情况,父母要做的不是解决对抗行为,而是要尊重孩子,倾听他们的声音,培养正向的亲子关系。

有父母无奈地说:"我的孩子一旦想要什么,就会不依不饶地纠缠我,一直提要求,直到我最终妥协或者发火为止。"这样的行为看似是孩子有主见的表现,实际上并非真正的自我意志。真正的自我意志,是指孩子能够清晰地认识到自己的目标,并在面对困难时依然能坚持不懈,直到实现目标的一种能力。

判断孩子是否具备真正的自我意志,关键在于他们是否愿意和父母进行平等的讨论,是否能够尊重父母的意见,以及是否敢于在做重大决策时表达自己的独立见解。比如,当依依看到自己无意识的行为给自己和父母带来不良后果时,她愿意坐下来和父母沟通,共同寻找解决方案。这种行为表明依依趋于独立,逐渐走向成熟,开始学着独立思考并承担责任。

晓静的妈妈发现晓静最近早上起床很困难,总是无精打采,每天都很疲惫的样子。经过观察,发现她半夜还在玩手机、打游戏、和同学聊天。为了帮助晓静养成良好的作息习惯,妈妈决定采取行动:要求女儿每天晚上十点之前必须关掉手机,并将手机交由妈妈保管。

晓静对此非常愤怒:摔门、大喊大叫,指责妈妈不信任她。妈妈冷静而坚定地告诉她:"你只有两个选择,一是完全不使用手机;二是学会管理手机,每天晚上十点前关机并交给我保管。"晓静不同意,第二天晚上出现了更激烈的冲突,第三天同样的事情又发生了。

晓静妈妈感觉身心俱疲,正在她担心自己还能不能坚持下去的时候,第四天晚上十点前,她发现晓静已经主动将手机放在书房了。后来,母女俩还制定了使用手机的其他相关约定。晓静晚上不再使用手机后,睡眠质量得到了显著改善,生活也变得轻松了很多。

父母千万不要把孩子单纯的对抗行为误认为是自我意志的发展。当孩子看不到自己行为的目的、危害,以及可能导致的后果时,恰恰是他们最需要父母引导的时候。父母一定要以成熟的心智与坚定的态度与孩子沟通,帮助他们设立合理的界限,避免他们走向错误的方向。

作为父母,既要尊重孩子的自我意志,也要在关键时刻给予他们正确的引导。在面对孩子的顽固和任性时,必须坚定立场,勇敢地说"不",用坚定的行动向孩子传递一个明确的信号:在是非对错面前,父母有责任行使一票否决权。通过这种方式,让孩子在父母的坚定中学会给自己设立界限,从而实现真正的独立自主。

2. 选择自由是自主的前提

有这样一个故事。

年轻英俊的骑士走进新房,发现仙女一样美丽端庄的妻子变成了一个面目狰狞的魔鬼。这位魔鬼问他:"你希望我白天是美丽的仙女,晚上是丑陋的魔鬼;还是白天是丑陋的魔鬼,晚上是美丽的仙女?"

骑士思考了一下,坚定地说:"我的爱人!你来决定自己白天是仙女晚上是魔鬼,或者白天是魔鬼晚上是仙女。"话音刚落,突然华光一闪,眼前的魔鬼又变回了美丽的仙女。

仙女说:"如果我能主宰自己的命运,能让我自己选,我当然选择白天是美丽的仙女,晚上也是美丽的仙女!"

是呀,如果可以选择,谁不愿意自己白天和晚上都是美丽的呢?

孩子也一样。自我选择和自主决定的能力不仅有利于孩子的身心健康，还能增强他们参与活动的深度和热情，从而产生更大的行动力去开创自己的人生。从早晨穿哪件衣服，到先写作业还是先玩一会儿；从作业计划，到择校；从交什么样的朋友，到选择自己的人生伴侣……所有这些尽量都让他亲自参与，这是一种自我雕琢、发现自我和创造自我的美好旅程。

巅峰表现专家斯蒂芬·科特勒在《跨越不可能》一书中说："自主带来自驱力，你需要自由控制睡眠时间、工作时间和健身计划。你还需要自主决定你想参与的活动，并且定期去参与，以帮助自己进入心流状态。"

可见，不管是为了个体健康还是成就自我，自我决定和选择都是必要且重要的。

所谓选择，就是父母给孩子提供自主选择的权利，哪怕只是有限的两个选择，也可以让孩子感觉到被尊重，从而促使他们做出行动。

四岁的小婉从外面玩耍回来，妈妈说："小婉，赶紧喝点水。"

"我不喝。"小婉一扭头跑过去骑在小木马身上，摇晃起来。

妈妈继续问："小婉，你是用爱莎公主杯喝水，还是用奶牛吸管杯喝水呢？"

"用爱莎公主杯。"小婉跳下小木马，欢快地跑过来，奶奶在旁边把杯子递给小婉,她咕嘟咕嘟喝了几大口,又跑走了。

第二天早上,妈妈给小婉剥鸡蛋,小婉一把推开鸡蛋说:"我不吃!"奶奶拿着勺子站在厨房门口说:"小婉,今天吃煮鸡蛋还是蒸鸡蛋呀?"

"蒸鸡蛋。"

小婉妈妈看看奶奶,两个人一起笑起来。

"赶紧喝水"是一个命令,不是一个选择。"用爱莎公主杯喝水,还是用奶牛吸管杯喝水"即使选项只有两个,也是一个选择。

乐乐看电视超过了约定时间,妈妈扯着嗓子喊时间到了,乐乐答应着,但没有任何行动。妈妈走到电视旁语气平静而坚定地说:"时间到了,现在是你关电视,还是我关电视?"乐乐赶紧站起来说:"我关我关。"

不过,乐乐也可能说出第三种方案:"我再看五分钟。"这时候家长可以坚定地告诉他:"不好意思,没有第三种方案。"我们要让孩子看到自己在坚定地履行监督的责任。当然,我们也要思考之前约定的时间是否科学,比如这个动画片正好二十五分钟结束,我们就可以约定看完一集就关电视,而不是看二十分钟。

可如果乐乐按照约定看完了一集,还想再看一集,就是不离开电视怎么办?这时候启发式提问就可以上场了。妈妈走过来,坚定地说:"对于看电视,我们的约定是什么?"乐乐眼睛虽然盯着电视,但在妈妈的目光下他还是很不情愿地把电视关掉了,边走边小声埋怨着。"谢谢你遵守了我们的约定。"妈妈说。乐乐听了这句话,不好意思地挠挠头,笑了。

我给学生布置作业,同样主题的内容,第一次没有任何选择,第二次我给他们两个选择,第三次只是通过一个问题引出一项任务,然后共同制定了这项任务最终要实现的目标,至于怎么完成,以及呈现的方式由他们自己决定。结果发现第二次比第一次效果更好,第三次学生的作业则比前两次给了我更多惊喜,他们呈现出了各种创意,涉及知识的范围更广,思考得也更深入,效果远远超过我的预期。

从几乎没有选择,到有限选择,再到无限选择,孩子掌控的空间在慢慢变大,肩上的责任在慢慢增强,整个过程中孩子的能力也在逐渐提升,他们做事的效果和生命状态也随之越来越好。

3. 化解逆反风暴的步骤

如果每个人都有逆反心理,那为什么有些孩子能够平静度过叛逆期,有些家庭却总是"狂风大作、风雨飘摇"呢?

依依的妈妈精心为她挑选了一个英语补习班,每天往返就需要四个小时,但破旧的补课教室让依依不能适应,老师的讲课方式也让她觉得无趣。于是,她提出不再继续上课。妈妈很生气,训斥道:"好不容易请到这样的名师,钱都交了,怎么能说不上就不上!老师教其他人没有问题,别人都能学好,为什么你就不行?你要反思是不是自己的问题!"双方发生了激烈的争吵。

依依感到委屈和愤怒,心想:"我只是不想上这个老师的课,又不是贪玩、偷懒,你就这样批评我,我是绝不会认输的。"于是,她开始与父母冷战:每天一放学回家就把自己的房间门关上,拒绝和父母有任何沟通;开始看小说,一直看到午夜12点;写作业时偷奶奶的手机搜答案。这种对抗情绪还蔓延到了学校,除了班主任的语文课以外,其他时间她要么趴在桌子上睡觉,要么坐在位子上发呆。

转眼大半年过去了,依依的成绩全面下滑。当她看到好友已经跻身名校候选人之列,自己却面临连中考门槛都难以跨越的窘境,这个残酷的现实如同当头棒喝,让她猛然惊醒。她开始深刻反思,意识到自己的逃避与对抗非但没有解决问题,反而让自己陷入了更深的困境。

幸运的是,依依的父母在对抗中不断反思和学习,而且从来没有放弃她。在这场漫长的拉锯战中,他们逐渐意识到自己的教育方式或许已不再适应孩子成长的需求,不能还像对待婴儿一样对待已经可以独立思考和决策的孩子。于是,他们召开了一次家庭会议。依依终于第一次勇敢地说出了自己的想法,她渴望得到父母的理解,希望能够拥有更多的自主权,她想为自己负责,掌控自己的人生。

从此,依依的家庭氛围焕然一新。依依重新振作,以前所未有的决心投入到初三的紧张学习中,只为弥补过去的遗憾。而她的父母也开始尊重她的选择,给予她更多的信任和支持,成为最坚实的后盾,用爱为她加油鼓劲,并提供必要的支持与帮助。最终,在中考的战场上,依依凭借不懈的努力与坚持,收获了令人满意的成绩。

逆反期是孩子成长过程中必经的自我探索阶段。父母和孩子争论谁对谁错,或者冷战,都是浪费时间而没有意义的。建议家长从以下几方面来化解,帮助孩子顺利度过这一时期,并形成健康的独立人格。

第一:避免争吵,设置"冷静缓冲区"

当孩子试图通过哭闹或争吵达到目的时,父母应避免陷入情绪化的争论。相反,可以通过冷静而坚定的行动向孩子传递明确的信号。例如,当孩子因为得不到想要的东西而发脾气时,父母可以平静地说:"我知道你很生气,但规则不会改变。"当冲突升级时,可以这样来缓冲:"我们现在情绪都不好,各自冷静十五分钟再继续讨论。"

如果孩子对自己进行封闭,可以通过书写信件、微信留言等方式来降低对抗感,或者可以用"门缝对话法",不强求面对面,隔着门说:"你不想出来没关系,我把想说的话写在便签上贴在门外。"

第二:引导孩子反思行为后果

当孩子做出不当行为时,父母可以通过提问的方式引导他们反思行为的后果。比如,依依不想继续上课,父母可以问:"如果继续保持这样的状态,对你会有什么影响?"通过这种方式,帮助孩子认识到行为与后果之间的联系。

父母允许孩子体验后果,但事后要引导他们进行反思。在此过程中,要保持共情,而不是嘲讽,比如可以这样引导孩子:"看到你不开心,我也很心疼,但这个挑战终究要你自己去应对。不管怎样,爸爸妈妈都会站在你身后支持你。"

第三:设计"家庭议事规则"

固定每周家庭会议的时间,每人轮流发言。任何家庭成员都可提交议题,并且附上解决方案,这样不仅有利于问题的解决,还可以培养系统性思维。当孩子表现出自我管理能力或遵守规则时,父母应及时给予表扬和鼓励。

在操作过程中,也要设置"弹性界限",而不是强制管控。比如当依依不愿意去上那位老师的补习班时,可以询问她有什么解决方案,而不是用强制的方式让她接受。通过压制取得的服从,会透支未来的亲子信任。这样的方式更有利于孩子在逆反期完成从"被管理者"到"自我领导者"的蜕变。

丫丫现在还是经常说"不",不仅对她自己生活和学习相关的人和事,甚至对家庭的方方面面和一些社会现象也常常有自己的看法。尽管我们有时会因为不同的观点而讨论半天,甚至有时还会争吵起来,但是,我知道,这是她走向独立的表现。每当我想起她两岁时跺脚说"不"的情景,我就不觉笑起来。"不"是一个多好的魔法词,只要父母用心倾听,就会发现,这个"不"字背后正是生命拔节的声音。

"父母"更像一份工作,需要在不断摸索中前行。这个过程既痛苦,又幸福。

在教育的过程中,父母会对很多不利于孩子成长的事情说"不",这会给彼此带来不愉快,甚至痛苦。父母要让孩子明白,这不是不爱他,而是更深的爱。父母一定会在孩子面前坚持到底,因为在痛苦中成长也是人生的必修课。

艾莉森·高普尼克说:"照顾孩子就像照顾花园,做父母就像做一个园丁。"作为父母,我们要多去体会当园丁的快乐。当我们倾注心血、才华和爱为孩子建造了一个土壤适宜的花园,尽心培养他们能够抵御风雨,努力成长为一棵参天大树的时候,我们所有的努力就有了回报。

2.5 发展孩子的开放式大脑

哈佛大学医学博士丹尼尔·西格尔在《如何让孩子自觉又主动》一书中提出了"开放式大脑"的概念,并指出,拥有开放式大脑的孩子,能自觉又主动地投入生活和学习,真诚、充分地做自己。

所谓开放式大脑,是指孩子能意识到他们是谁,他们会成为谁,意识到他们有能力克服失望和挫败,从而自觉选择富有意义的生活。与开放式大脑相对的是防御式大脑。为了更好地理解这个概念,丹尼尔博士将大脑简化为"上层脑"和"下层脑"。

上层脑对应开放式大脑,由大脑皮层构成,从前额延伸到后脑勺,是大脑的最外层。有了上层脑,我们才能提前做计划,能考虑后果,解决难题,进行多角度思考,并完成与大脑执行功能相关的复杂认知活动。

下层脑对应防御式大脑,是大脑比较原始的部分——脑干和边缘系统。它负责最基本的神经和心理运作,包括强烈的情绪波动、本能的抗拒,以及一些基本的生理功能,比如消化和呼吸。下层脑运转得非常快,大部分时候我们根本意识不到它在工作。

下层脑是出生开始就自带的,而上层脑则随着个体的成长逐渐完善,直到二十五岁左右,才算基本完成。孩子在儿童期和青少年期发展沉着冷静能力的过程,也是学习从防御式大脑成长为开放式大脑的过程。作为养育者,我们应该努力成为孩子的"外部上层脑",直到孩子自己的上层脑发展成熟为止。

1. 觉知下层脑,搭建心智阶梯

人们很难觉察自己的情绪。如果一个人发火了,你对他说:"你生气了。"他会说:"我没生气。"直到他平静下来才开始后悔:"我当时不该发那么大火。"意识不到自己感受的人,就很容易被情绪控制。当孩子深陷消极、沮丧、烦躁或忧郁中时,往往很难意识到自己的情绪,甚至无法自拔。我们可以让孩子了解一点脑科学知识,引导他看见自己的情绪是怎么产生的,从而帮助他走出情绪困境。

四岁的小远在诊室里哭得满脸通红,他拼命挣扎,大声喊着:"我不要打针,不要打针,我会死的!"他的哭喊声让整个楼层的人都为之侧目。妈妈急得满头大汗,试图安抚他,但小远的力气出乎意料的大,粗壮的小胳膊使劲推开妈妈。年轻的女护士也束手无策,愣在旁边。无奈,妈妈只好带他暂时离开注射室。

小远妈妈感到很困惑,小远以前打针时虽然也会害怕,会哭泣,但从来没有如此强烈的恐惧。她找到一个稍微安静的地方。过了一会儿,小远情绪没有那么激动了,但他还是拉着妈妈的手,要离开这里。小远妈妈把他紧紧抱在怀里,轻轻地说:"小远,妈妈觉得你心里好像住着一个小怪兽,它让你感到害怕。你能告诉妈妈,这个小怪兽长什么样子吗?它是什么颜色的?有多大?"

小远安静下来,趴在妈妈肩膀上,扑闪着两只大眼睛,断断续续地说:"它很高很大,就在我的肚子里,头发又乱又长,是黑色的,眼睛是绿色的,好像要从我的肚子里跳出来。"

妈妈轻轻抚摸他的后背,继续引导:"现在闭上眼睛,再看看,它有什么变化吗?"

小远闭上眼睛,过了一会儿,开心地说:"它变小了,变成灰色了,现在只有这么大了。"小远用手比画着。

妈妈接着问:"那这个小怪兽是从哪里来的呢?为什么你觉得打针会死呢?"

小远低声说:"乐乐的爷爷从医院出来就死了,乐乐说是打针打死的。"

妈妈抚摸着孩子还有泪痕的脸,轻声解释:"原来是这样啊。其实乐乐的爷爷生病是有很多原因的。我们打的是防疫针,那些药水是防止病毒来找我们麻烦的,是可以保护我们的,它不会让我们死,反而会让我们变得更强壮。不信的话,我们可以去看看那些打过针的小朋友,他们都很健康。"

小远跟着妈妈又来到就诊区,和一个刚打过针的孩子玩了一会儿。最终,小远顺利地打完针,妈妈还给小远买了冰淇淋,两人高高兴兴地回家了。

小远妈妈的做法展示了如何帮助孩子应对情绪失控。当孩子被恐惧(下层脑)控制时,应激激素充斥着他的身体,不仅理性思维(上层脑)无法运作,甚至连自己的身体都无法控制,更听不进妈妈的任何话语。小远妈妈做了几个关键动作:

- 离开压力环境:当孩子情绪失控时,先带他们离开引发情绪的场景。

- 具象化情绪:帮助孩子将抽象的情绪具体化,比如想象成"小怪兽"。当情绪被"看见"时,孩子就能逐渐掌控它。

- 寻找情绪根源:通过提问,了解孩子情绪背后的原因。小远妈妈通过提问,引导小远找到恐惧的根源,并用事实帮助他重新认识打针的意义。

- 用事实引导:用简单易懂的语言解释真相,帮助孩子重新认识问题。

- 建立心智阶梯:孩子的大脑逐渐从情绪主导转向理性思考,这样,心智阶梯也就逐渐搭建起来了。

这种方法不仅适用于孩子,也能帮助成年人更好地应对情绪波动。找到并理解情绪的来源能使我们更从容地面对生活中的挑战。

2. 训练上层脑,更好地回应世界

帮助孩子平衡上层脑(开放式大脑)和下层脑(防御式大脑),就可以帮助孩子消除情绪障碍,促进他们获得心智成长。与此同时,父母的示范也很重要。我们教导孩子要诚实、努力、正直、慷慨、彬彬有礼,前提是,我们自己也要以身作则。孩子的眼睛是雪亮的,他们会观察并模仿我们的行为。我们的言行举止,无论是好是坏,在很大程度上会影响孩子的心智发展。

十三岁的小可参加乐器比赛,需要提前录制一段表演视频。她对妈妈说:"今天晚上我一定录好,明天就交给老师。"可是,录制的过程频频出错,半个小时过去了,依然没有成功。疲惫和困倦让小可失去了耐心,她不耐烦地说:"我不录了。"妈妈帮她放好乐器,然后递给她一杯牛奶。

情绪稍微平息后,小可沮丧地说:"妈妈,我不想出错。"

妈妈轻声回应:"我知道你很想弹好。那么,是什么在影响你,让你出错呢?刚才你的大脑里都出现了什么对话呢?"

听了妈妈的话,小可笑了:"有一个大脑说,这个视频明天就

要交给老师,今天时间不早了,我要赶紧录好;另一个大脑听到这句话开始着急,一着急就开始出错,一出错反而更着急;还有一个大脑说'我不行,弹得太差了,一定不会被选上',所以,火气就来了,反正我也弹不好,算了,我不干了!"

妈妈也笑了:"脑袋里这么多声音确实谁也做不好事情,该怎么办呢?现在,我们安静下来,闭上眼睛,深呼吸,把刚才的那些声音全部去掉,只想着演奏这一件事。妈妈相信你一定可以做到,因为你平时就弹得很好。"小可和妈妈交换了一个坚定的眼神,这一次终于顺利录完了。

小可的经历给了我们一个重要启示:当孩子产生焦虑、沮丧或孤独等情绪时,他们往往会用这些情绪给自己贴上负面标签。比如,他们不会说"我现在很着急",而是直接认定"我没有耐心"或者"我不行,我做不好"。这种自我否定会进一步加剧他们的情绪困扰。很多时候,不是孩子专注力不够,而是头脑里的"噪声"太多。我们要帮助他们"降噪",让他们聆听到"理智脑"的声音。

有时候,孩子的情绪波动可能源于家长的反应。比如,一个一年级的孩子正在写作业,频繁出错,橡皮擦过来擦过去。见此情景,爸爸在旁边怒吼。但此时的孩子还没有能力认识到"我出错了,以至于自己不能集中注意力,我感到很沮丧,爸爸也很生气"。相反,他很可能会给自己贴上标签"我太笨了,作业对于我来说太难了,我永远也做不好"。

如果父母能够了解孩子大脑里所经历的情绪风暴,就能帮助他觉知:这只是特定情况下的一种情绪,是面对困难时的一种沮丧,并不意味着他很笨,永远也做不好。关键在于,父母需要引导孩子区分情绪与现实,而不是让情绪定义他的能力。

家长应该如何帮助孩子呢?

- 冷静下来:当孩子出错时,我们要先管理好自己的情绪,避免用怒吼加剧孩子的焦虑。
- 共情沟通:对孩子说:"我知道这道题有点难,出错很正常,我们可以一起看看哪里出了问题。"
- 分解问题:将大任务拆解成小步骤,帮助孩子一步步完成,建立信心。
- 正面反馈:关注孩子的努力,而不是结果。比如,"你刚才很认真地思考了,这很棒!"

通过这样的引导,孩子会逐渐明白:出错并不可怕,它只是学习的一部分。重要的是,他们能从错误中学到东西,而不是被错误定义。

作为父母,我们要有意识地帮助孩子发展上层脑。对于年幼的孩子,可以通过复述故事、画画等方式,引导他们关注自己的内心世界，提升理性思考能力；而对于年龄较大的孩子，写日记或者写作文都是训练上层脑的有效方法。总之，孩子越能贴近自己的内心，就越能更好地理解和回应周围的世界。

此外，我们还可以设计一些生活场景，让孩子扮演不同角色，看到不同行为可能带来的结果，然后鼓励他们自己做决定，并思考这些决定对自己和他人带来的影响，通过这样的换位思考来培养共情能力。同时，适当的运动、充足的睡眠，以及与大自然的亲密接触，都能帮助孩子保持情绪平和，促进身心健康发展。

第3章

意义——点燃生命的内在引擎

3.1 唤醒孩子天生的学习动机

女儿丫丫一直不喜欢吃鸡蛋,这可让我这个做母亲的费尽了心思。我曾经苦口婆心地告诉她,鸡蛋中富含蛋白质,能够滋养皮肤、强健头发;蛋黄里的氨基酸,对大脑发育好,能够增强记忆力,让她变得更聪明。我甚至还给她找来介绍鸡蛋好处的科普视频,希望通过生动的画面和专业的讲解打动她。结果一点用都没有,丫丫对鸡蛋的抗拒没有丝毫动摇。最后,我干脆不再强求了。

有一天早上,出现了转机。早餐有她最不喜欢吃的白水煮鸡蛋。我没有像以前一样威逼利诱,而是换了一种方式。我看到餐桌上有一碟腌黄瓜,便灵机一动,边吃边说:"这个鸡蛋和腌黄瓜一起吃,味道真是绝配!"听了我的话,丫丫好奇地看了我一眼,犹豫了一下,终于拿起鸡蛋,学着我的样子,夹了一块腌黄瓜一起送入口中。没想到,她竟然吃得津津有味,很快就把整个鸡蛋吃完了。

这让我不禁想起心理学家爱德华·德西的理论:孩子们天生就有学习的动机。他们对世界的探索和知识的渴望是自发的,不需要外界的推动。从呱呱坠地的那一刻起,孩子就对这个五彩斑斓的世界充满了无限的好奇。每当看到新奇的事物，他们总会扑闪着大眼睛问个不停；一本简单的故事书，他们可以反复听上无数遍，仿佛每一次都能发现新的乐趣；甚至一群蚂蚁搬食的场景，都能让他们一动不动地观察许久，专注而兴致盎然。

所以，想要孩子喜欢某件事，最好的方法，不是告诉他们做这件事的好处，而是引导他们从这件事中找到乐趣，激发他们的内驱力。作为父母，我们需要做的，不是一味地告诉孩子"你应该做什么"，而是陪伴他们一起发现"做这件事的乐趣"。只有这样，孩子才能在成长过程中，真正找到属于自己的动力和方向。

1. 与事物本身建立直接联系

如果问一个喜欢画画的孩子为什么喜欢画画，他很可能会反问道："就是喜欢呀，这还需要理由吗？"同样，如果问一个每天都去打篮球的孩子："你想从打篮球中得到什么？"他也会觉得这个问题有点奇怪，因为对他来说，打篮球本身就是一种纯粹的快乐，不需要额外的理由。

"在做某件事的时候，感觉这件事本身就是目的。"这就是芝加哥大学艾利特·菲什巴赫教授所研究的内在动机。内在动机是指人们从事某项活动时，不是因为外在的奖励或压力，而是因为活动本身带来的满足感和乐趣。这种动机在孩子身上表现得尤为明显。他们往往不会去思考"为什么要做这件事"，而是单纯地享受过程。这种纯粹的专注和热爱，正是许多成年人在成长过程中逐渐丢失的宝贵品质。

艾利特·菲什巴赫教授带着动机科学研究团队来到芝加哥的一所幼儿园进行实验，他们想了解，当孩子们知道食物除了好吃还有其他作用时，会有什么反应。他们带了一本图画书、几袋饼干和胡萝卜。图画书上面画着一个小女孩，她爱吃饼干和胡萝卜。实验的关键在于，图画书有三个不同版本，分别给三组不同的孩子。

在第一个版本中，女孩吃胡萝卜和饼干，是为了让自己健康强壮；在第二个版本中，她是为了学习阅读；在第三个版本中，她是为了学习数到100。研究团队的假设是，如果孩子们了解到饼干和胡萝卜可以帮助他们变得更强壮、更聪明，就会更想吃这些食物。

研究结果恰恰相反。一些孩子听说饼干会让他们变得更强壮后，反而认为饼干不太好吃，所以就不太想去吃；同样，另一些孩子听说胡萝卜可以帮助他们学习阅读或者数数，他们对胡萝卜的兴趣也大幅下降。总之，强调食物的好处，反而导致孩子们对这些食物的消费量减少了50%以上。孩子们的推论是，如果某种食物既好吃又能帮他们变得更聪明或更强壮，那这种食物的味道可能并不怎么样。换句话说，他们真正关心的只是食物本身的味道，而不是它的"附加价值"。我无法劝说丫丫吃鸡蛋也是如此。

有这样一个故事。

在海边的一个小镇上，住着一位老爷爷。他的院子原本安静祥和，可总有一群小孩来骚扰他。他们恶作剧地向老爷爷的院子里扔石头，惹得老爷爷发怒，然后一窝蜂地跑掉。第二天，他们又继续扔石头，乐此不疲。

老爷爷起初试图用愤怒来制止他们，但发现毫无效果。于是，他决定换一种方式。一天，一阵"石子雨"后，老爷爷和颜悦色地走出来，对他们说："欢迎你们来玩，从今天起，我会给每个扔石头的孩子五元钱，好不好呀？"

孩子们一听，高兴极了："干坏事还给钱？真是太好了！"于是，第二天他们又来。扔完石头后，每人得到五元钱。第四天，老爷爷说："我最近手头有点紧，下次来只能给你们每人三元钱了。"

又过了两天，老爷爷告诉孩子们："不好意思，我现在生活有点困难，下次我只能给你们每人一元钱了。""什么？只给一元钱,还要我们跑这么远!"愤愤不平的孩子们气嘟嘟地跑了,再也没来丢石头了。

就这样,老爷爷继续享受着清静的生活。

扔石头本来是孩子们觉得好玩的事情,但是,老爷爷给这个"好玩"的事情附加了五元钱,成功地改变了孩子们做事的目的。原本的乐趣被金钱取代,当奖励减少甚至消失时,扔石头就变得索然无味。

这种现象在现实生活中并不少见。许多家长为了激励孩子学习,会用物质奖励作为诱饵:成绩达标,就给手机和名牌鞋子等物质奖励。这种方法看似有效,但实际上,它们与老爷爷的五块钱"异曲同工"——将孩子的注意力从学习本身转移到了外在的回报上。

在心理学上存在信息稀释效应,这种效应是指当我们获取的信息量过大,或者包含了太多无关的信息时,我们对主要信息的记忆就会变得模糊不清。就像一杯水里加了太多糖,反而尝不出水的味道一样。这样容易导致注意力分散、记忆干扰和认知负荷。同时,如果目标越多,动力也越容易被弱化。孩子们不再因为学习本身而感到快乐,而是将学习视为获得金钱、物质、名誉和地位的回报工具。这种外在动机的介入,让孩子们失去了和内在自我的联系。

不过,奖励真的完全不好吗？事实上,给艺术家更多的报酬更能促进他创作；加薪可以提高员工的士气。但这是因为我们是成年人,清楚自己的好恶,能够理性看待奖励与工作之间的关系。而孩子不同,他们正处于成长阶段,他们不太清楚自己的兴趣和价值观。外在奖励可能会扰乱他们的判断,让他们分不清自己到底喜欢什么。

如果奖励不可避免,那么如何让它更有效呢？

心理学家研究发现,不确定的奖励比固定的奖励更能激发动力。固定的奖励,即达到某种特定的目标就给予奖励,甚至奖励的内容都是提前定好的。不确定的奖励,即奖励的项目、时间都是随机的、不确定的,我们可以叫它"惊喜"。与其告诉孩子"每次考到班级前几名就给奖励",不如在孩子取得某次进步时,突然送给他一直想要的小狗,并告诉他："这是送给你的礼物,因为你在这次考试中获得很好的成绩,你值得拥有。"这种不确定的惊喜更能让孩子感到被看见、被认可,觉得生活值得期待,从而增强了他们的内在动力。

此外,庆祝也是一种有效的奖励方式。父母可以在新年或者新学期伊始,和孩子讨论本年度要达成的某个愿望或目标,这种长目标奖励称为"十二个月庆典"；另外,可以把大目标分解成小目标,当孩子实现了一个小目标,就可以全家一起外出吃个饭，或者来一场短途旅游。十二个月以后再进行总结，做最后的大庆典，带孩子去他想去的地方，或者看他心仪已久的演唱会等。这种庆祝不仅是对孩子努力的肯定，也会让他体会到付出后的成就感，进而给生活增添色彩。

但我们始终要清楚奖励本身不是目的，只是帮助我们实现目的的手段而已。真正的教育，应该是帮助孩子找到内在动力，让他们因为热爱而学习，因为兴趣而探索。与其依赖外在的奖励和惩罚，不如努力尝试用爱与智慧驱散恐惧，让孩子与事物本身建立直接联系，在此基础上唤醒每个孩子内心的光芒。

2. 从恐吓到爱的转变

除了奖励，用恐吓的方式来激励孩子，生活中比比皆是。然而，这种方法的实际效果如何呢？

也许我们常常听到这样的声音：

"妈妈今天一大早就起来给你做早餐，所以你要好好吃饭，这样才能保证一天学习的能量。"

"你现在的头等大事就是好好学习。期末考试拿第一，我就给你买手机！"

"你看看你，还不起床，今天又迟到，你这种态度，以后能

意义——点燃生命的内在引擎 第3章

干什么？上次数学考得那么差，这样下去你干脆不要去上学了！"

面对如此连绵不绝的言语轰炸，试想，孩子的内心会是何种滋味？这种"为你好"的劝诫，其实是家长披着爱的外衣，包裹着虚假的哄诱和恐吓，其本质就是不相信每个生命都有自我富足的能力。

丽莎老师即将担任初一某班的班主任。当她看到学生成绩单上的数字，特别是看到好几个孩子的成绩可能年级垫底时，她心中充满了焦虑。如何有效激发孩子们的学习热情，成为她亟待解决的问题。回想起自己学生时代曾经逆袭的经历，她决定如法炮制。开学第一天，她就对学生说："中考非常难，你们需要付出比小学更多的努力。即使这样，你们中仍然有三分之一的人可能考不上高中。"

起初，这番话似乎起到了预期的效果，学生们产生了紧迫感，学习态度开始有所端正。然而，好景不长，学生们越来越懒散，对学习也失去了兴趣。丽莎老师对此感到非常失望，她尝试了多种方法——苦口婆心的谈话、严厉的批评，甚至愤怒的斥责，但结果都不理想。课堂上，调皮捣乱的行为愈发频繁。她甚至邀请家长一起给孩子施压，但收效甚微。学生们草率地应付课后作业，测验成绩也很不理想。她很沮丧，觉得如今的学生简直糟透了，甚至开始怀疑自己的运气，觉得学生一届不如一届。

其实，丽莎老师做了一个错误的假设：只要通过恐吓和施压，就能激发学生的斗志。我们也常常发出"你再这样，我就不喜欢你了"的警告，或者"快点，不然你就迟到了"的催促，还有"考不上好高中，你就上不了好大学；上不了好大学，你就找不到好工作"等话语。这些话语背后，隐藏着我们利用恐惧、野心和欲望操纵孩子的真相。

进化生物学家认为，恐惧是人类神经系统中的一种本能反应。在远古时代，恐惧帮助我们的祖先迅速应对危险，确保生存。然而，在当今衣食无忧的时代，这种恐吓式的教育方法不仅无效，还可能引发孩子的逆反心理或者自暴自弃。孩子们并不需要为了生存而恐惧，他们需要被理解、被支持，以及感受到真正的爱。

企业文化和价值观领域的知名专家理查德·巴雷特认为，公司的运营要么基于小我的恐惧，要么源自灵魂的爱。这句话同样适用于教育。恐惧驱动的教育，往往源于家长或老师自身的不安全感和对未来的焦虑。当我们被恐惧驱动，并把这种恐惧无意中转嫁到孩子身上时，就容易对孩子进行指责，而非理智沟通，进而与孩子之间的鸿沟越来越深。我们好像在迷雾中穿行,想要紧紧抓住他们,却发现自己越控制越失控。

相反,如果我们的教育基于爱,情况就会截然不同。爱让我们看见自己和孩子的恐惧,这样就能站在孩子的角度,看见他们的处境和需求,就能理解对方,同时也包容自己。基于爱的教育,让人如沐春风。它不需要强制和压迫,孩子自然会想要靠近和追随。爱让我们从容、理性、温暖、开放,让教育自然发生。

作家拉·封丹的寓言《南风和北风》发人深思。北风和南风比赛,看谁能让行人脱下外套。北风威力很大,呼啸而过,结果行人把大衣裹得更紧;南风徐徐吹拂,带来温暖,行人感觉舒适,自然而然地解开了衣扣。这个故事如同两种教育方式:一种是强制和压迫,另一种是温暖和理解。显然,后者更能触动人心,激发内在动力。

丽莎老师还忽略了一个问题:每个孩子都是独一无二的。有的孩子,竞争能让他精神振奋;有的孩子,一听到竞争就灰心丧气;有的孩子,一个冰激凌就能激励他更加努力;有的孩子,即使课程枯燥乏味,也能严格自律,耐心坐满四十五分钟。丽莎老师曾经试图通过大挑战来激发学生的斗志,但是,她的学生觉得自己很难取得成功,干脆选择了自我放弃。

教育的本质不是控制,而是唤醒。每个孩子都有内在的成长动力,关键在于我们是否能够用爱和理解去激发它。恐惧驱动的教育或许能在短期内制造紧迫感,但从长远来看,它只会让孩子失去对学习的兴趣和信心。让我们放下恐吓,回归爱的本质。只有这样,我们才能真正看见孩子,理解孩子,帮助他们找到属于自己的内在动力。

3.2 目标感：穿透迷雾的人生导航

电影《爱丽丝梦游仙境》中，有一段简洁却意蕴深远的对话。

爱丽丝问："能否请你告诉我，我应该走哪条路？"

柴郡猫回答："这要看你想去哪儿？"

爱丽丝说："我也不太知道要去哪里。"

柴郡猫回答："那么，走哪条路都是一样的。"

这段对话，像一面镜子，映照出我们在现实生活中的真实困境。我们的孩子，包括我们自己，也会像爱丽丝一样，站在升学、就业、婚姻等人生十字路口前徘徊，甚至因为缺乏明确的方向和目标而陷入焦虑。

只有知道自己想去哪里，才能真正找到属于自己的"北极星"。如果爱丽丝明确自己的目的地，柴郡猫就能为她指明正确的道路。所以，设定清晰的目标对于个人的成长与发展至关重要。它能给我们一股无形的力量，拉动我们朝着某个方向不断向前。

1. 设定真正的目标

事实上，并非所有目标都能成为人生的"北极星"。有些目标像烟花,短暂绚烂后只剩灰烬;有些目标却如恒星,持续释放能量推动我们跨越山海。那么,我们如何找到那个能产生强大驱动力的目标呢?

斯坦福大学青少年研究中心威廉·戴蒙教授在《目标感》一书中给出了关于"目标"的定义:"目标,是指为了完成对自我有意义,同时对自我之外的世界也有意义的事情时,产生的稳定且可概括的意图。"

具体而言,一个真正有价值的目标,应该包含三个层次:

首先,这个目标应当是一个深刻而明确的意图,它源自"我为什么要做这件事",以及"通过这件事,我想要去哪里"的一个终极发问,是隐藏在短期目标的底层原因。比如,有一个孩子说,她长大想成为一名教师,不仅仅给学生传授知识,还希望陪伴他们一起成长。如果有机会,她愿意到山区支教,让更多孩子有学习的机会。

其次,这个目标应该是高级的、抽象的、影响深远的,它超越了日常琐碎的局限,指向更宏大的意义,是一个长期的、深远的追求。比如,一个孩子努力学习不仅仅是为了考高分,而是为了实现"用知识解决问题"的愿望。

最后,真正的目标不仅对个人有意义,还能对他人和世界有所贡献,或者创造出一些新事物。比如,企业家埃隆·里夫·马斯克不仅想创办一家成功的企业,而且立志于"推动人类成为多星球物种",这个目标既激励了他自己,也激励了无数追随者。

由此可见,如果没有远大的目标,那么人很可能消失在毫无方向感的琐碎生活中。

一张好的考试成绩单、一份理想大学的录取通知书、一个好工作等,这些都不是终极目标,而只是通往短期目标的手段。如果把这些手段当成终极目标,那么在追求目标的过程中,就很容易感到累,进而难以持久。

哲学家弗里德里希·尼采说:"知道为什么而活的人,便能生存。"这句话把目标抽象化,让孩子看到了行动背后的目的和意义。

- 从结果出发,而非手段:目标应该是令人向往的结果,而不是枯燥的过程。比如,与其设定"我要为首付存钱"这样的目标,不如把目标设定为"五年后拥有一套房子"。前者是手段,让人感到压力重重,仿佛每天都在为钱发愁;后者是结果,它是一件美好的事,能让人想象未来在温馨的家中与家人共度时光的场景。

- 将目标与意义感绑定:目标必须与个人的价值观和兴趣相契合。比如,一个想当医生的孩子,可以将目标设定为"攻克医疗难题,救死扶伤",而不仅仅是"考上某所医学院"。前者让他每天学习时都充满使命感,因为他知道自己在为更大的目标而努力;后者则让他陷入焦虑,生怕一次考试失利就毁了未来。

• 用"为什么"激发内在动力:在设定目标时,多问自己"为什么"。比如,一个孩子想学钢琴,家长可以引导他思考:"你为什么想学钢琴?是为了表演给别人看,还是因为音乐能让你感到快乐?"这种深层次的思考能帮助孩子找到真正的驱动力。

目标不是冰冷的任务清单,而是照亮前路的"北极星"。它既关乎个人的生命意义,也关乎对世界的贡献。当我们帮助孩子设定目标时,应该引导他们思考"为什么",而不是仅仅关注"做什么"。

2. 采取必要的行动

当然,抽象化的目标也有弊端。过于抽象的目标看不到具体行动,往往会让人感到迷茫,甚至陷入不切实际的幻想。抽象目标描述的是目的,此时千万不要忽略为实现目标而采取的必要行动。

我们可以参照 SMART 原则,将目标具体化、可衡量化,并确

保其具有挑战性和相关性,同时设定明确的时间框架。以下是SMART原则的具体应用:

specific(具体化):目标必须清晰明确,避免模糊不清。比如,与其说"我想学好数学",不如说"我要在下次考试中把数学成绩提高到90分以上"。

measurable(可衡量):目标需要用具体的数字或标准来衡量进展。比如,将"我要多读书"改为"我每个月要读完两本书,并写下读书笔记"。

attainable(可实现):目标要有一定的挑战性,但又不能过于遥不可及,要让孩子有一种"跳一跳,够得着"的感觉。过高的目标容易让人感到挫败,而过于简单的目标则难以激发孩子的潜能。比如,一个孩子想"成为篮球高手",可以先设定"每天练习投篮30分钟,一个月内将命中率提高到60%"。

relevant(相关性):目标必须与孩子的兴趣、能力和长期愿景相关。例如,一个热爱绘画的孩子可以将目标设定为"参加一次市级绘画比赛并获得奖项",而不是"学会素描技术"。

time-bound(有时限):为目标设定明确的截止日期,避免拖延。例如,"我要学会游泳"可以改为"我要在暑假结束前学会自由泳,并能连续游50米"。

这种具体化的目标不仅让孩子清楚地知道自己该做什么,

还能在每一步行动中感受到进步和成就感，从而在实现目标的过程中找到真正的意义和动力。然而，理想与实践之间总是横亘着诸多挑战，作为家长，如何帮助孩子跨越过程中的惰性障碍，成为亟待解决的问题。

欣欣是一个充满梦想的孩子。她想去重庆玩高空蹦极，去土耳其的卡帕多奇亚坐热气球，去南极看冰墙，去卢浮宫看世界名画。她理想的大学是厦门大学，因为学校面朝大海，还有爬树课和潜水课，非常符合她的兴趣。但是，她现在的成绩离考上厦门大学还有差距。欣欣意识到，要实现这些梦想，需要金钱、时间、健康的身体，还需要良好的英语表达能力，而在此之前，她需要努力学习，积累知识和技能。

为了帮助欣欣实现梦想，父母与她一起制订了"梦想基金"计划。他们将梦想分解为具体的行动步骤，比如每天晨读英语、完成数学计算、练习画画、跳绳等，每完成一项任务，欣欣就可以获得一个"海盗币"。当"海盗币"积累到 100 个时，就可以兑换成 100 元人民币。等攒够去重庆的机票钱时，她就可以先实现第一个梦想——高空蹦极。

起初，欣欣充满热情，每天都很关注玻璃瓶里有多少个"海盗币"。为了获得更多的"海盗币"，她每天都早早起床，积极完成任务。然而，一个月后，她的热情逐渐消退，开始出现懈怠情绪，甚至有时候会因为没有完成任务而出现负分的情况。她对玻璃瓶里的"海盗币"也不再像以前那么关注了。

面对这种情况，欣欣的父母意识到，单纯依靠奖励机制并不能长期维持孩子的动力。于是，他们调整了策略，采用了"小区域原则"：在目标执行初期，引导孩子关注已经取得的进展（半满的杯子），这样可以增强孩子的信心和成就感；在中间阶段，则开始关注剩下的任务（半空的杯子），这样可以帮助孩子重新聚焦并保持动力。具体来说，欣欣妈妈不再数欣欣获得了多少"海盗币"，而是告诉她："你现在还差30个'海盗币'就可以兑换100元了。"这种调整让欣欣重新燃起了斗志，因为她清楚地知道，自己离目标并不遥远，只需要再努力一点点就能实现。

中间点是最大的考验，它离开始和结束都很远。怎么办呢？一个有效的策略就是：把中间部分设置得短一些。比如，把积累到100个"海盗币"改为积累50个；同时，把一个"海盗币"兑换1元改成兑换2元；并且设置最后完成时间，比如一个月内完成50个币；每周进行回顾，如果达到预期成果，就进行一次小小的庆祝。这样，每周又都是一个新的开始。心理学专家把这种方式称为"新开始效应"。

去重庆的飞机票有点贵，欣欣担心自己暑假前不能完成目标,为了提高目标的可实现性,欣欣爸爸决定资助一半的机票费用,减轻欣欣的心理负担。经过调整后,欣欣又恢复了对梦想基金的热情,每天都积极完成清单任务。

欣欣父母用"梦想基金"给这个"功利化"手段赋予了一个意义,同时使用了"目标梯度效应",即取得的进展越多,就越渴望继续;他们还把大目标分解成了小单元,在小单元里又有一个个子目标,使每一个目标都落到实处;通过"海盗币"的形式把目标可视化,让欣欣看到目标完成的进程,她每完成一个小目标都对应大目标的一个承诺,而这个承诺不仅增强了她继续努力的动机,还增强了她的成就感,从而达到了自我激励的效果。

总结来说,欣欣父母用以下几个步骤帮助欣欣解决了懈怠问题:

①阶段性反馈:将大目标分解为小目标,并在每个阶段给予孩子积极的反馈。

②动态调整目标:根据孩子的进展和状态,灵活调整任务的难度和奖励机制。

③关注剩余任务:在孩子感到疲惫或懈怠时,将注意力从"已经完成的部分"转移到"剩下的部分",帮助孩子重新聚焦。

④赋予目标意义:让孩子理解每个小任务与大目标之间的

联系。

⑤创造仪式感：为每个小目标的达成设计庆祝仪式。

正如欣欣的故事，目标的实现不仅需要具体的行动计划，还需要家长在过程中的智慧引导和支持。只有这样，孩子才能在追逐梦想的路上走得更远、更坚定。

3. 创建有利于实现目标的家庭和社会关系

与过去相比，现在的父母更加注重与孩子的情感连接和沟通，孩子与父母的关系更为频繁和亲密。欣欣父母在帮助孩子实现目标的过程中，亲子关系也越来越好。这意味着父母可以更有效地影响孩子，同时也对父母提出了更高的要求，因为孩子需要的是能倾听他们心声，尊重他们选择，支持他们目标，并在关键时刻能给予指导的导师型父母。

所以，作为父母，应该创建有利于实现目标的家庭和社会关系。主要包括以下三个方面：

首先，目标由孩子自己设定。

父母可以提供多种选择，引导孩子思考每个选择背后的个人和社会价值。通过与孩子一起讨论，父母可以帮助他们制订实现目标的方案和计划。

在制订方案和计划时，要和孩子确认这些目标是否是他们真正想要的。只有这样,孩子才会感到自主性和责任感,才会更有动力去实现它,从而减少"心理抗阻"。不是出自本心,自然会感觉被控制。

其次,了解孩子,给予支持。

懂是最好的支持,只有让孩子感觉父母是真正懂他们的,他们才更愿意听取建议。我们要重视和孩子的每一次日常对话,做一个耐心的倾听者,并引导孩子对目标和意义进行探索和思考。

当孩子谈论班级趣事或者社会现象时,父母可以多问"为什么",这样孩子就有可能迸发出兴趣的火花和思想的微光;另外,还可以利用生日、节日、开学等特殊日子引发关于目标的对话,探讨日常生活背后的意义。欣欣妈妈就是在和孩子闲聊中,得知她想报考厦门大学;在欣欣与朋友聚会时,了解到她想去重庆蹦极的。他们注意到女儿宝贵的好奇之心,进一步引导和支持她去看世界。

在朝着目标努力的过程中,他人的支持和鼓励能帮助孩子提高行动力。比如,喜欢骑行的人,结伴骑行一定比独自骑行时速更快,心情也更愉悦。所以,父母要让孩子感觉到他们的理解、关注和支持,让孩子知道不管成功或者失败,父母一直在自己身边。

最后,家长要给孩子树立榜样。

作为家长,为孩子树立一个积极向上的生活榜样是至关重要的。这并不意味着父母一定要有多高的社会名望和地位,而是在日常生活的点滴中,通过自己的一言一行,将对工作和生活的满腔热忱与正面态度传递给孩子。

对于成年人来说,工作是目标感和自豪感的重要来源,但是我们很少和孩子分享这种感觉。相反,常常在孩子面前抱怨对工作的不满,比如遇到了什么挑战、被领导批评等负面信息。这都会让孩子感觉到工作是不愉快的,甚至是一种负担。所以,很多孩子不知道父母的工作意义,以为就是拿一份薪水。

当与孩子探讨工作的价值时,我们要把他们当作大人,平等对话,真诚地分享自己对人生目标的追求,以及遇到困难时自己是如何解决问题的,让孩子理解父母每天辛勤工作的意义,以及这些努力对他人和社会所产生的积极影响。孩子会为父母给世界作出的贡献而感到骄傲和自豪。

此外,为了拓宽孩子的视野,我们还可以采取一系列实际行动。比如,带孩子参加成年人的讲座,让他们有机会接触并学习不同领域的知识与经验;安排家庭旅行,让他们在旅途中看到父母与朋友之间的交流,体验不同的生活方式;甚至在某些项目或者活动中,有意识地让他们接触优秀的"大哥哥"和"大姐姐",让他们了解哥哥姐姐们的人生目标以及对待学习和工作的态度。这些优秀的年轻人,可能成为孩子的人生导师,引领他们以不同的视角和不同的方式发现和定义自己的人生目标,并且努力去实现自己的目标。

3.3 价值感和归属感是孩子成长重要的内驱燃料

一位极度抑郁的妇女来到著名心理学家阿尔弗雷德·阿德勒的诊疗室。她的眼神黯淡无光,整个人仿佛被沉重的阴霾笼罩。

在短暂的沟通后,阿德勒对她说:"如果你同意并按照我的建议来做,我可以在14天之内治愈你的抑郁症。"

她无精打采地问道:"你要我做什么?"

阿德勒回答:"如果你每天为别人做一件事,坚持14天,到时候你的抑郁症就会消失了。"

她反对道:"凭什么我要替别人做事?从来没有人替我做任何事。"

阿德勒打趣说:"那你可能需要21天了。"他顿了顿,又补充说,"如果你实在想不出愿意为别人做的事,那就先想着,这样当你有心情做的时候就可以去做了。"阿德勒知道,哪怕仅仅是想着能为别人做些什么,她就已经走上改善之路了。

人,无法脱离社会而生存。每个人都不是一个孤岛,我们的每一个行为、每一个选择,都与他人和社会有着千丝万缕的联系。当我们专注于为他人付出时,我们的注意力会从自身的痛苦和困境中转移出来,转而关注外界的需要和他人的感受。

事实上,许多心理学研究都表明,帮助他人的行为能够显著提升个人的幸福感和心理健康水平。当我们帮助他人时,大脑会释放多巴胺和内啡肽等"快乐激素",从而让我们感受到愉悦和满足。更重要的是,通过与他人建立联系和合作,我们能够打破孤独感和无助感,重新融入社会,重新找到生活的意义和价值,找到自己的归属感。

1. 人生的意义和价值

正面管教协会创始人简·尼尔森博士曾经做过一个实验:

一个四岁小男孩和一个陌生成人共处一个空间。成人双手抱着一摞杂物,假装无法捡起掉在地上的抹布。小男孩看了一会儿,赶紧跑过去帮他捡起来。又过了一会儿,成人又"笨拙"地尝试打开一个顽固的抽屉却未成功,小男孩思考了一下,又跑过去帮他打开了,然后开心地走出房间回到妈妈身边。

这个实验看似简单,却揭示了孩子内心深处的某种本能——帮助他人的愿望。在《正面管教》一书中,简·尼尔森博士明确提出了成为一个有能力的人必需的"七项重要的感知力和技能"。其中前两点尤为重要:

①"我"能行；

②"我"的贡献有价值,大家确实需要"我"。

实验中,小男孩的反应正是这两点的生动体现。当别人需要帮助,而他恰好又有能力施以援手时,他就会有以上两种感觉。这种体会,让他产生了价值感和归属感。

几乎每一个孩子儿时都有一个"超人梦",那是他们渴望通过自己的力量对周围的世界产生影响的体现。这种愿望不仅是一种天真的幻想,更是一种潜在的驱动力,能够引导他们成就自己,成为有能力、有责任感的人。

埃隆·里夫·马斯克年少时就开始探寻生命的意义,他说:"我一直有一种危机感,很想找到生命的意义何在,万物存在的目的是什么。"为此,他列了一份清单,包括互联网、可再生能源和太空探索等。这份清单不是从他自己的角度出发,而是从整个世界的发展出发,包括特斯拉,都是在为人类更宏大的使命"移民火星"而做准备。2024年3月14日,SpaceX星舰第三次轨道级飞行试验取得成功,标志着人类航天事业迈进一个新纪元,也为他向火星移民这一计划迈进了一大步。他的每一个创新成果都价值千亿元,但是他从不申请专利,而是毫无保留地开源给全世界。他说,申请专利是弱者思维。而他的这种"强者"思维促使他继续前进,激发了他不断前行的动力,催生了更多的创新。这种强者思维来自哪里？来自他对全人类的深切关怀和利他精神。

有一位连续三年问鼎"福布斯人才榜"的中国首富，却过着非常简朴的生活：常年穿着同一件夹克、同一双布鞋，在食堂吃饭，飞机坐经济舱，高铁买二等座。但是，他对待员工非常大方，连续三十多年，他请员工吃年夜饭、发红包；他尊重人才，2023年给员工的年终奖发了6亿元；自2000年起，公司每年出资帮助下岗职工、困难家庭等，累计善款达1.45亿元；2009年，他成立慈善基金会，至2024年1月，已累计助学、助孤、助老、助残超7亿元。2024年2月25日，他去世了。前来吊唁的人，上至庙堂之高，下至江湖之远。整个杭州城自发为他送行，街道两旁的花圈连绵不绝，一眼望不到头。这一幕令人动容。他，就是娃哈哈创始人宗庆后先生。他曾在一次公开演讲中表示："我唯一的念头是，当我真的老去，我可以对所有人说，我这一生并不非凡，我干了一番事业，改变了一些人的命运，为这个时代、这个社会和这个国家提供了一些正能量。很多人因我而受到鼓舞，成为主动打造新世界的力量。"

他做到了。他，以及所有在人类历史上留下深刻印记的非凡人物，都有一个共同点：他们的选择和付出、勤奋和努力，从来不是为了个人的成就或者物质的享受；他们的勇气、智慧和坚韧，源于对生命意义的深刻理解、对自己和他人深切的关爱、对社会和人类强烈的责任感。

当我们帮助别人实现目标时,我们的关系也更为亲近;当我们帮助别人解决生命中的种种问题时,自我的能力也得到了提升;当我们尽力为爱人和孩子创造更富足舒适的生活、营造更和谐的家庭关系时,我们自然也呈现出了更好的自己。

特蕾莎修女,一个尚未成年便时刻想着救助天下苦难中人的普通人,获得了诺贝尔和平奖。她的传记里有这样一个情节:她去找加尔各答卫生局的官员,请求支持她搭建一处垂死者救助中心。当时,印度正在发生暴乱,特蕾莎身边只有12名修女,连她们自己都居无定所,却要救助垂死的人。卫生局官员非常不理解,质疑说:"这里有上百万人,你们救得过来吗?你们有钱吗?你们有这个能力吗?"

特蕾莎平静地说:"哪有100万人?只有眼前这一个人。一个人是如此重要,如此不可轻视,不能小看……无论什么时候,当我们与世界相遇时,我们遇到的都将是一个人,那个人或这个人。总之是具体的人,而不是抽象的人。因此,我们也只有通过爱具体的人,才能真爱人类。"

特蕾莎的回答揭示了一个深刻的真理:所有的远大征途都从脚下的一小步开始;所有的利他都从利身边的一个具体的人开始。

2. 归属感源于爱的流动

有一次，丫丫和她的同学为甘肃的一所联谊小学募捐，目标是为远方的同龄人安装一扇可以抵御严寒的玻璃窗。于是，他们来到公园里，三五成群，手里拿着自己设计的海报和小商品，走进正在玩耍和休息的人群。有时，他们会停下来朝人群望去，聚在一起讨论如何以一种不打扰的方式，让陌生人开心地买他们的东西。他们一边行动一边总结。卖完手中的商品后，他们又回到集合点，补充新的商品继续售卖。一个下午，孩子们脸上挂满汗珠，一口水都来不及喝，他们的眼神中却闪烁着坚定和热情。

后来，他们收到了来自远方小学的感谢信，老师在教室读给孩子们听，大家开心极了。丫丫在作文中记录了这次经历，她说："一想到冬天来的时候，那些小朋友就可以在明亮又温暖的玻璃窗里学习，我就感觉自己做了一件大事。"

"爱出者爱返，福往者福来。"爱就是这样，经由我们流出去，又经由孩子流出去。在爱流动的过程中，孩子找到了自己的使命和人生的意义。就这样，他们在生活中不断创造、成就着自己，一点点照亮着世界。

爱不分大小，利他行为也不在是否惊天动地。特蕾莎修女在领取诺贝尔和平奖后,有媒体问:"我们能做什么来促进世界和平?"她说:"回家,爱您的家庭。"

那么,什么是爱呢?恐怕一万个人有一万个答案。在我看来,爱就是看见——给对方全然的关注,和他在一起的时候耳朵听见他,眼睛看见他,心里想着他所想。这种沉浸于当下的爱,不仅滋润着孩子的心灵,也能滋润自己的内心。相反,如果我们在陪伴孩子的时候还想着工作,刷着手机,或者牵挂着未接听的电话,这都不是全然的关注状态。无论是自己,还是孩子,对爱的感受都将会大打折扣。所以,爱不是单方面的表达,而是双向的感受。

对于孩子而言,只有当他感受到被爱,心中盛满爱,才可能将这份爱传递出去;我们在给予爱的同时,也要有意识地引导他们去付出,并接受他们的付出。当爱流动起来,关系才能真正建立,利他的行为也才能自然而然地产生。

在家里,孩子可以如何让爱流动起来呢?让孩子参与家庭事务是一个很好的方法。比如,让孩子负责整理自己的房间、帮忙洗碗或照顾宠物。这些看似简单的任务,能让他感受到自己是家庭中不可或缺的一员。一位朋友连续三年组织城市行走计划,让孩子自己设计线路,或者跟着地铁线了解城市的风土人情和历史文化,品尝街头巷尾的风味小吃。这样的活动,既让孩子体会到了自己生活的地方如此可亲可爱,还锻炼了他的观察能力和实践能力。

进入一所新的学校或者升入一个新的年级,我们可以引导孩子去发现班级有哪些工作需要完成,自己可以承担哪些工作。比如,可以主动帮助老师整理讲台或者参与班级活动的策划等。一旦孩子在班级中感受到自己被需要,就很容易在这个班级找到归属感。

我们还要引导孩子了解自己生活的社区和城市,让他成为社区的积极参与者。一位家长带着孩子一起参加"南京之墙"的公益组织,去紫金山捡垃圾,到敬老院关爱孤寡老人,还组织城市骑行活动等。通过这些活动,孩子逐渐意识到自己是城市的"一块砖",是这个城市的参与者、修复者和建造者。"主人翁"精神就是通过这样具体的行动,在每一次付出中慢慢培养出来的。

爱是看见,是关注,是行动。爱,通过一个个"我"在家庭、学校和社会中流动,进而滋养生命,温暖世界。爱产生的内驱力,激发大勇气,塑造大志向,培养大胸襟,开创大事业,同时孩子也在爱中得到了幸福。

3.4 热爱是光,何惧路远夜长

系列纪录片《小小少年》,跟踪拍摄了一群"痴迷"于自然、科技、艺术、运动等不同领域的天赋异禀的孩子们,记录了他们与众不同的成长故事。

在热闹而嘈杂的菜市场里,一家简陋的猪肉店里,一位女孩正踮起脚尖、昂起下巴,姿态轻盈地舞蹈着,轻松完成一字马、空翻等高难度动作,而她的母亲则在一旁边剁猪肉边给她打着节拍。她就是来自云南那夺村的九岁女孩小云儿。她对芭蕾舞的天赋和热爱仿佛与生俱来。村子里还有很多和她一样喜欢跳舞的女孩,她们一起追求着自己热爱的事情,眼神坚定又明亮。

十一岁的少年殷然,在家里养了200多种形态各异的昆虫,有鳞翅目、鞘翅目、螳螂目等,简直把家打造成了昆虫博物馆。因为对昆虫的痴迷与热爱,他几乎成了半个昆虫专家。他常常与昆虫进行亲密互动,把螳螂节虫放到嘴边,把虫子比作战士,甚至和虫子对话。每当讲起自己心爱的虫子时,他总是神采飞扬、滔滔不绝。

九岁的烁然,对音乐痴迷且热情。他不仅能演奏各种乐器,更在父母支持下组建了自己的乐队。烁然的父亲说:"你说这条路有多宽？其实很窄的。并不是说你有一点天赋以后就能怎么样。音乐是他的一种可能，但不是唯一。"

看完纪录片后，我被孩子们沉浸其中的愉悦与迸发的激情所感染，羡慕他们可以如此畅快地做着自己热爱的事。导演孙超说："找到热爱的事就是宇宙间最美好的事情。"

热爱是情感核心，是第一动力，它驱使孩子自发地投入时间和精力，而无须外界的鞭策或奖赏。这种源自内心的自发性，是激发孩子创新能力和持久热情的关键。

1. 支持孩子做自己热爱的事情

也许有些家长会心存顾虑：如果沉迷于这些爱好，作业怎么办？中考和高考又该怎么办？对此，著名社会理论家齐格蒙特·鲍曼在《流动的现代性》中为我们提供了深刻的见解："过去的社会，呈现出固态的现代性，是一个相互承诺的时代；而现在的社会，呈现出液态的现代性，是一个解除承诺、捉摸不定的时代。"

回顾我们的父辈，他们生活在相互承诺的社会环境中。那时候，社会规则、制度框架相对稳固，价值观也趋同。标准化的社会体制给人们承诺，只要沿着既定的道路不懈努力就可以成功。事实上，我们和我们的父辈，正是这一标准化模式的受益者。所以,我们坚信这一点,并以此激励我们的孩子。

然而,随着社会的发展,各行各业的个性化日益凸显,并且得到越来越多人的关注和认可。大数据可以根据个人喜好推荐信息、小视频或者书籍;营养师可以结合个人的体质特征,量身定制私人疗养方案;企业文化或者产品,越是具有特色就越能被大众记住;众多的网红打卡点、网红小吃、网红酒店,无不体现"我的美与众不同"。这些现象彰显的不仅仅是对每个人的关注,更是人们对个人独特性的追求。

近年来,中学教育领域的变革同样引人注目。课型设置越来越多,要求教师必须根据学生的不同点来准备不同的课型;中考开始出现科技、艺术,以及语、数、外、物、化等各种特长生;高考升学途径更是多元化,除了传统的普通高考之外,还有自主招生、国内外合作办学等多种选择。随着国家对就业形势的重视,职业教育也将迎来更广阔的发展空间和提升机遇。

当年,韩寒以突出的文学才华,获得首届全国新概念作文比赛一等奖,但是他的学习成绩并不理想,甚至因期末考试七科不及格而被迫留级。后来,他选择退学,并以文字为马,开始了写作。当人们开始羡慕他老天爷赏饭时,他又玩起了赛车。有人说他不务正业,有人说这匹野马找到了自己恣意驰骋的旷野。没想到,这位作家、顶级职业赛车手,又摇身一变成了导演。电影《后会无期》的推出,宣告了他的华丽转身;而随后的《乘风破浪》和《飞驰人生》,口碑和票房都不错。

韩寒的选择,既源于他独特的个性,也离不开家庭的支持,但在当年,他的决定并不轻松。当第四部电影《飞驰人生2》上映时,他在采访中坦言:"我热爱这件事,我想塑造出个性鲜明的人物。"至此,写作和赛车这两个他热爱的领域完美融合,使他成为才华横溢的导演。而他,出走多年,归来依然是少年的模样,保持着少年的纯真与激情。

一个多世纪以前,"标准化之父"弗雷德里克·温斯洛·泰勒认为,标准化之所以必要,是因为工人比机器更廉价,也更容易进行重新调整和安排。但是,在一个世纪后的今天,随着DeepSeek等AI公司的崛起,意味着机器人越来越厉害。在这样的时代背景下,如果想让孩子成为未来不可或缺的人才,就要从小有意识地培养他们的独特性。

试想,如果韩寒遵循着标准化的成长模式,他的人生会是怎样的呢?时间已经给出了答案。

2. 好奇心是热爱的原始驱动力

爱因斯坦对于自己取得的成绩,曾谦逊地说:"我只是把一个人童年时候的好奇心保持到了现在而已。"而DeepSeek官方公众号上，也有一句简洁有力的介绍："投身于探索 AGI 的本质，不做中庸的事，带着好奇心，用最长期的眼光去回答最大的问题。"

好奇心，是一种强大的驱动力，能够激发人体分泌甲肾上腺素和多巴胺，让我们充满热情去挑战不可能，勇于探索那些看似不可能的任务。相反，一个没有好奇心的人，他们的生活就像被设定好程序的机器，日复一日地重复着相同的轨迹，缺乏主动创造的火花，难以体验到多姿多彩和每日如新的生活。

也许你觉得自己家的孩子怎么看都是一个普通孩子，和那些有卓越成就的人所拥有的强烈好奇心无法相比。但你还记得那个曾经紧紧跟在你身后，用稚嫩的声音不断追问"为什么"，眼睛里闪烁着对世界充满好奇光芒的小家伙吗？你还记得他和小伙伴们沉浸在某项活动时，那份由衷的兴奋与喜悦的样子吗？你还记得他独自一人全神贯注地投入到某项探索中，世界都为之安静的时刻吗？这些情景，不正是他们对世界充满好奇的体现吗？

那么，我们要如何发掘并激发孩子内心的好奇心，唤醒那份深藏的内在驱动力呢？我设计了一个小活动，暂且把它命名为"好奇的圆圈"。现在，请和我一起开启这场探索之旅吧。

开始前，请每人准备一张 A4 纸和一支笔，并在这张纸上画一个大大的圆圈，接下来，完成以下两个步骤。

第一步：搜集素材，列出清单。

现在，请拿起笔，贴着圆圈在圈内写下自己最好奇的事情——那些想到就很兴奋，心中便会充满喜悦和渴望，只要一有时间就想去做的，甚至愿意花钱去学习的事情。

我发现，孩子们往往能在几分钟内写出几十个。妙妙写了满满一张纸，她说："我好奇的东西太多了。"而我们家长在写到七八个以后就开始抓耳挠腮，但无论如何，请你至少写下二十五件你真正好奇的事情。记住，这不仅仅是一份清单，更是你内心世界的真实写照。

列清单时，要尽可能具体。比如你对画画感兴趣，那么请明确是国画、油画，还是漫画；是喜欢画人物、静物，还是风景；如果对小动物感到好奇，那么请思考是对哪一类或者哪个小动物感兴趣，是喜欢和它们在一起的感觉，还是想深入了解它们的生活习性等。写得越细致，你对自己的了解就越深入。

第二步：建立关联，找到交集。

列好清单后，仔细分析这些事情，并思考它们之间有哪些交集和重合之处。这是一个看似简单却至关重要的步骤。

以妙妙为例，她好奇的事物包括：冰雕、冰屋、哥特式建筑、滑翔伞、跑车，这些看似不太相关的项目，但仔细分析后，她发现了一个共同点：这些事物的内在构造充满了奥秘和美感。于是，她得出一个结论：自己对建筑学很好奇。

女儿丫丫也写了很多好玩的事物，包括：蹦极、滑板、爬树、鸟的羽毛、种花和飞行。在思考它们的关联点时，她意识到："这些都是让人感到快乐的事，我想知道为什么有人会不快乐，我想帮助他们。"这真是一个美好而惊喜的发现之旅。

好奇心本身并不足以产生真正的热爱，但是，可以通过好奇心清单的建立和分析找到事物之间的交集。这个交集是一个不容忽视的信号，它可能预示着我们在某个领域有着潜在的才华和兴趣，也可能为我们未来的职业选择和发展方向提供有益的启示。

第三步：探索热爱，鼓励行动。

现在，我们是否可以引导孩子找到自己热爱的事情了？答案是肯定的。请你和孩子一起，拿出那张写满自己好奇事件的圆圈，在圆心处再画一个圆环，在圆环内写下自己想要解决的宏大问题。

妙妙对国家的历史、人文、艺术都充满好奇，还喜欢编各种稀奇古怪的故事。她发现自己热爱的事情，就是结合世界上稀奇古怪的事把自己的奇思妙想都写出来。而丫丫发现她想去的国家都与绘画和艺术有关，喜欢美的事物，以及喜欢探索这些事物背后的原理和构造。

对于孩子来说,也许几年后,他们又会喜欢上别的事情,这都没关系,因为只要他们有热爱的事情,就会为之奋斗。不要小瞧这样的力量,只要行动,就一定有收获。比如,每天拿出 10~30 分钟,思考如何为这个目标努力,比如阅读相关的书籍,关注最新的报道,或者写下几行自己的感悟;同时,也要鼓励他们为这个目标去结识志同道合的人,接触相关领域的知识等。

这些思考和准备的过程,就是孩子自我探索和成长的过程,是他们无限接近自我、成为自我的过程。这个过程就像一粒种子在广阔的宇宙中成长,迎接阳光,沐浴风雨,默默地生根发芽,悄悄长大。

3. 将热爱转化为使命

人生并非无意义的漂泊,每个人都被赋予了使命,而这个使命就潜藏在我们热爱的事物之中,以及我们做的每一件小事里。我们引领孩子找到自己热爱的事物,这只是起点,它还不足以让孩子真正接近自己的使命,我们还需要带着孩子去寻找所热爱的事物背后的意义。

著名花样滑冰运动员羽生结弦,他的滑冰生涯无疑是辉煌的。他 19 次打破世界纪录,两届冬奥会金牌得主,成为大满贯选手,这些成就足以让任何人感到骄傲和满足。然而,他并未止步于此,心中还有一个更为宏大的梦想——跳出人类在正式赛场上从未跳出的动作——"4A 跳"。这个动作要求运动员在腾空到近 80 厘米的高度,滞空 0.7 秒内完成 4 周半的高速旋转。落下来时,脚跟冰面相撞击的力量,是体重的 8 倍。其难度之大,可想而知。每一次尝试,都伴随着巨大的风险,甚至可能危及生命。

很多人不明白他为什么执着于此,他却说:"从某种意义上说,迄今为止人类所建立起来的像壁障一样的东西,我认为就是'4A 跳',我想跨越这道壁障。有了'4A',我才能生机勃勃地活着,'4A'是我作为花滑运动员赌上人生的最后梦想。每一次我的身体都重重摔在冰面上,仿佛是死亡跳跃,我是带着自己说不定哪次就会摔出脑震荡,然后死掉的心理准备在训练的。"

他的话让我明白了为什么很多运动员拼了命地要破纪录,而当有人打破纪录的那一刻,全世界都为之沸腾。正如宇航员阿姆斯特朗所说:"这是我一个人迈出的一小步,却是人类迈出的一大步。"这句话同样适用于羽生结弦,以及所有执着追求极限的运动员们。他们的每一次尝试,每一次突破,都是对人类潜能的一次挖掘,对未知领域的一次探索。无论成功与否,他们留下的脚印,都指引着后来人;他们开辟出来的道路,都激励和造福着所有人。

"如果没人来做，我来做。"这句掷地有声的话语，出自渐冻症患者蔡磊之口。面对绝症，他没有选择放弃，而是以一种近乎倔强的态度，坚持着自己的使命。他总在想："我还能做点什么？"2022年9月5日，蔡磊面对媒体公开将"最后一颗子弹"打出——愿意在生命的尽头把自己的脑组织和脊髓组织捐献出来，希望能推进渐冻症的研究再往前走一小步。他说："只要我把攻克渐冻症提前一天，就可以拯救大量鲜活的生命。"面对强大的疾病，为什么他有如此顽强的内在动力？因为他把这场战斗视为自己的使命，而不只是为自己而战！

2025年春节期间，国产AI软件DeepSeek全球爆火，登顶中美应用商店免费App下载排行榜，上线18天，累计下载量突破1 600万次，覆盖了140多个市场。火到什么程度？就是大街小巷，从科技爱好者到普通民众都在谈论，甚至被海外称为"来自东方的神秘力量"。十年寒窗无人问，一举成名天下闻。DeepSeek的崛起，让大家的目光开始投向那位来自广东湛江小镇的学霸梁文峰。

梁文峰从小就对知识充满渴望，尤其痴迷于数学建模，那些复杂的公式和逻辑，对他来说就像一把把打开未知世界大门的钥匙。这也许和其父亲的教育方式有关，梁文峰坦言："我的父亲是一名小镇数学老师，他从不问我考试排名，只问今天解决了什么问题。这种对实际解题能力的呵护，是我后来敢于挑战技术无人区的底气。"

2021年，梁文峰创立的幻方量化成为国内首家突破千亿规模的量化私募大厂，被称为国内量化私募"四大天王"之一。但是，他并没有满足于此，他对人工智能充满了向往和热衷，内心深处渴望在这个领域有所建树，为人类的科技进步贡献自己的力量。

于是，2023年7月，梁文峰投身通用人工智能领域，创办了杭州深度求索人工智能基础技术研究有限公司，并亲自担任CEO。他希望通过DeepSeek，打造出具有全球影响力的AI技术和产品，推动AI技术的普及和应用。他始终坚信，AI技术应该是普惠的，人人都能用得起。"让最偏远的山村的孩童，能和硅谷工程师用上同样聪明的AI助教"是当时他创立DeepSeek时许下的愿景。

在一次采访中，梁文峰表示："我们选人的标准，一直都是热爱和好奇心，所以很多人会有一些奇特的经历。"他认为，顶尖人才从来不是被筛选出来的，而是被"允许疯狂"的环境滋养出来的。这个"疯狂"就是发自内心、遏制不住的热爱之情，是愿意为这件事倾注所有，拼尽全力，敢为天下先的精神。

放手的爱——点燃孩子的自驱力

在 DeepSeek 杭州总部的展示厅里,陈列着一台 20 世纪 90 年代的"飞跃牌"收音机——那是梁文峰初中时拆装过 37 次的实验品。这种"疯狂"源于热爱,忠于使命。

3.5 用作品意识来创造未来

2017年,世界顶级眼科专家王宁利院长登上《开讲了》舞台,坦言自己年少时最大的梦想是成为一名画家,命运最终却让他成了一名眼科医生。在讲述这段经历时,他的眼神中流露出一丝失落与遗憾。

主持人撒贝宁敏锐地捕捉到了他的情感波动,随即以一种高情商且富有智慧的方式回应:"画家是做什么的?画家就是把世界画在画布上,但哪一个画家能把这世界上所有的颜色都画出来呢?您不一样,如果您用您的医术让一个人从黑暗中走出来,当他睁开眼睛看见这个真实世界的时候,他看到的所有颜色、最美的画面,都是您最棒的作品。"

撒贝宁这段话不仅巧妙化解了王宁利的遗憾,更深刻揭示了"作品"的真正含义。什么是作品?《星空》是凡·高的作品,智能手机是乔布斯的作品,而帮助盲人复明,让他们重新焕发光彩的世界,就是眼科医生的作品。正是无数人的心血和智慧凝结成的作品,让我们这个世界变得更美好,而他们也因为自己的作品成就了自己,造福了世界。

颜色有深浅,作品无大小。一旦我们拥有了"作品意识",就拥有了一颗创作之心。当老师以"作品意识"对待教学时,课堂就会变成一场充满创意和激情的艺术创作,学生也会在这样的氛围中感受到学习的乐趣和意义。当孩子以"作品意识"对待学习时,作业便不再是枯燥的任务,而是展示自我、表达思想的舞台。

"作品意识"不仅仅是一种态度,更是一种能力。它让我们在平凡的生活中发现不平凡的意义,在琐碎的任务中找到创造的乐趣。

1. 世界为你而存在

春天,公园里,孩子们在这片绿意盎然、花香四溢的天地间奔跑嬉戏。他们四散开来,穿梭在花丛与树木之间,捡来枝条、落花、形状各异的小石块,甚至还有废弃的小瓶盖。不久,他们又陆续跑回来,忙碌而喜悦。只见他们趴在柔软的草地上,头顶着头,小手挨着小手,叽叽喳喳地讨论着。时而兴奋地指指点点,时而低头沉思,那模样既专注又可爱。究竟是什么让他们如此着迷呢?

渐渐地,桌布上原本不起眼的"零零碎碎"开始显山露水。在孩子们的巧手下,凋落的花朵与散落的树枝仿佛被赋予了新的生命,它们被巧妙地排列组合,构成了一幅幅生动有趣的画面——一株开花的树、一个戴花帽子的人,还有装满了五彩斑斓的花朵的小花篮……大人们被孩子们的创造力深深吸引,纷纷拿出手机,拍下这温馨而美好的瞬间。

当我们带着创作之心看待世界,就会发现,世界上没有真正废弃的东西。正如古人所言:"石令人古,水令人幽。"一切都如此可亲可爱,都可以为我所用,成为创作的一部分。

这让我想起罗振宇曾经说过的话:"所谓作品,就像燕子衔泥、小鸟做窝一样,一根树枝、一根草,聚集我们所有的资源、意志、创造力,以及独特表达,一点点搭出来的一个独一无二的东西。这是我们对这个世界的编码,这个创作过程,就是做作品。"

不论是燕子衔泥,还是小鸟做窝,都得先有材料。材料哪里来?在这个世界上,一切作品都源于对这个世界的思考、选取与表达。下面两句话让我明白了,培养孩子的作品意识,首先要让孩子看世界,了解自己和世界的关系,让世界为我所用。

第一句话:"世界为你而存在。"

这句话出自一本名为《世界为谁存在》的绘本,作者是汤姆·波尔,它带着我们和孩子一起去感受、欣赏这个世界,并思考我们和世界的关系。

小熊、河马、狮子、河马、鲸鱼、雪兔、猫头鹰宝宝们和它们的爸爸妈妈对话,它们问:"世界为谁存在?"这些动物宝宝的父母告诉它们,世界有很多又深又黑的洞穴、绿油油的草原,还有很多深潭泥塘、广阔深邃的海洋、冰冷的雪地,高大青葱的树木可以为他们遮风避雨。他们可以自由地旅行、快乐地打滚,可以奔跑跳跃、休息睡觉……

小男孩听了小动物们的对话,靠在爸爸身旁,凝视着布满星光的夜空,问道:"世界也为人们存在吗?包括你和我在内?"

"一点儿都没有错。"爸爸回答,"世界也为人们存在,不管是住在什么地方的人,世界为每个人存在!而我的世界在这里——和你在一起。我们的世界有公园,让你嬉戏玩耍;有山丘,让你向上攀爬;有溪流,让你涉水而过;也有古堡和海滨,让你尽情探索。虽然我们已经亲眼见过许多,但还有更多的事物等着我们去体验。世界为谁存在?世界为你存在!"

人类、小动物和宇宙中的每一粒微尘,一起拥有这个世界,一起休养生息。当孩子明白这一点,不管身处何地,都不会孤单,不会骄傲尖刻,不会妄自菲薄。因为他明白世界为自己而存在,这是世界给自己的底气;世界也为每个人而存在,这是世界教给自己的格局。

第二句话,出自新东方创始人俞敏洪老师:"人和世界进行互动,要么改造世界,要么从世界中获取自己想要的东西,要么跟世界一起成长。"

意义——点燃生命的内在引擎 第3章

在着手撰写这本书的过程中,我逐渐养成了一种向世界搜集素材的习惯。无论是漫步于学校的每一个角落,沉浸于家庭的温馨氛围,穿梭于社会的纷繁复杂,还是沉浸在书页间汲取知识的养分,甚至是偶然间在街头巷尾目睹的一场争吵,办公室里同事间的八卦闲聊……我都会不由自主地放慢脚步,深入思考这些日常琐碎背后的深层含义,探究它们是否有可能成为我笔下鲜活的写作素材。

因为有了这样的作品意识,我学会了以全新的视角观察和理解周遭的一切。即便是生活中遇到的不如意的人或者事,都慢慢成为我自我观察、自我反思及教学研究的宝贵材料。在这个过程中,我深刻体会到,整个世界仿佛都为我敞开怀抱,每一处风景、每一个故事、每一份情感,都是我创作道路上不可或缺的养料,都可以拿来丰富和完善我的作品。

当孩子爱着这个世界,带着欣赏的眼光去看世界,满怀自信地在世界中穿行,便能以一种独特的视角,从周遭环境中提取出那些能够激发灵感的素材,经过巧妙组合与创意运用,孕育出一件件充满个性与生命力的作品。这些作品,会以全新的面貌重新丰富和点亮这个世界,赋予它更多的色彩与温度。这就是创造。

2. 让作品的价值被看见

每隔一段时间，丫丫就会从书法课堂上带回一张作品。老师会用软件把她的作品装裱起来，发到微信群。尽管丫丫的字体尚显稚嫩，但经过装裱后，感觉就不一样了。特别让我震撼的是，老师还把丫丫整个学期的书法作业精心编排，拼接成一幅长卷。当这幅长卷展现在眼前时，丫丫的脸上洋溢着难以言表的成就感，那是她日积月累、日拱一卒的辛勤耕耘所绽放出的壮丽景象。每到春节，老师还会教孩子们书写春联。亲朋好友到家里做客，每每看到墙上挂的春联，都会赞赏一番。

价值感的获得，通常有两个方面：一个是内部价值，一个是外部价值。内部价值的获得，指满足感（兴趣得到施展）、成就感（完成了目标或任务）；外部价值的获得，与他人的赞扬认可等相关。

由此，我深刻地认识到，树立作品意识的关键在于让孩子感受到自己的价值，让作品在真实世界中被看见、被珍视。于是，我让丫丫挑选一些自己的画作，精心装裱后把它们挂在墙上。我们开玩笑地说："黄大画家的画一上墙，家里立刻蓬荜增辉啊。"每当家里来客人，他们总会在这些色彩斑斓的画作前欣赏一番，赞不绝口。丫丫虽然羞涩，但眼中闪烁的光芒却透露出难以掩饰的喜悦与自豪。

我也尝试将这个理念融入教学中。每周,我都会安排一节课,让学生分享自己的周记或者读书笔记,然后请全班同学一起来批改一篇文章。这样的互动不仅让孩子们越来越喜欢上作文课,更让他们在相互学习中不断成长。受丫丫书法老师的启发,我又增加了一个环节:到学期末,我请孩子们统计自己完成的读书笔记和周记的数量,并统计全部字数。当看到这些数字时,孩子们的脸上洋溢着满满的成就感,没想到一个学期竟然写了这么多。

每个孩子都想展示自己最好的一面,我们可以做的就是让孩子的作品在真实世界中被看见。一位家长曾经和孩子一起把初中三年的绘画作品做了一个作品集;一位老师把学生高中三年的作文练笔印制成一本书,作为成人礼物送给学生;还有一所社区小学,把孩子们的绘画作品挂在出入大道两侧,孩子们一放学就跑到自己的画作前,指给家长看:"看,这是我的作品。"喜悦和骄傲之情溢于言表。

在家长的支持下,我们班还申请了一个名为"在彼"的公众号,每周选出两篇优秀文章进行发表。每当孩子的作品被推送出去,家长们都会积极地转发到朋友圈,引来亲戚朋友的纷纷点赞与好评,这对孩子们来说,无疑是一种巨大的鼓励。更重要的是，这种在成就感中积累的经验，会支撑起他们今后的生活。

记得有一次，丫丫因为作文思路受阻，烦躁又沮丧，甚至产生了放弃的念头。我适时地提醒她说："还记得上周你发表的那篇文章吗？同学们都非常喜欢，我今天翻看了一下，不得了，阅读量达到1700多了，这是至今阅读量最高的文章哦。"丫丫听后，惊讶地说："是吗？"之前的烦躁瞬间烟消云散。晚餐过后，她满怀喜悦地投入到写作中，很快就写完了。

我们经常说，万事开头难。但如果换一个思路，从"作品"出发，问问自己最终想创造一个怎样的作品，一旦这个目标清晰明确，那么如何开始就不再是难题了。相反，它会变成一段值得期待且充满无数惊喜的旅程。在学期初，我常常问学生："在学期末，你们想做出一个怎样的作品呢？"作品，可以是一学年的所学，也可以是平时写作、绘画或者手工完成的作业等。当学生去思考这个问题，他们就有了自己的努力方向，并愿意为之而努力。

学生觉得《儒林外史》这本书很难，不愿意读。于是，我决定和他们一起探寻这本书的意义所在，也就是为什么要读这本书。结合五十五回内容，学生了解到作者吴敬梓的写作意图是"述往思来"——通过描绘那个时代的儒生群像，以及他们的遭遇，探寻读书人的出路。基于此，我引导学生以"述往思来，探当今读书人的出路"为主题写一篇议论文,并在班级进行演讲展示。

这篇议论文就是一个作品。为了完成这个作品,学生需要把大问题分解成小问题。他们认为,首先要深入分析书中的人物,了解他们的出身、经历、性格、品质,以及人生结局等。由于书中人物众多,为了更好地探究造成不同人物命运背后的原因,学生决定对人物进行分类。在这个过程,他们通过思维导图、人物漫画、表格、剧本表演等形式,完成了科举制度、时代背景、人物性格概括与分析,以及讽刺写作手法的分析。经过六个星期的努力,"述往思来,由《儒林外史》探当今读书人的出路"作品展示会圆满落幕。

通过"大作品"带动"小活动",孩子们自发、自主地完成了合作互动。他们的价值被看见,内在动力被激发,在不知不觉中完成了所有的语文学习任务。

我们还可以问孩子:你最想给世界贡献怎样的作品?因为这个作品的存在,这个世界会有什么不同?假如没有这个作品,这个世界会有什么损失?这种以终为始的方式,不仅可以帮助孩子规划阶段目标和任务,还可以引导孩子思考自己的人生大事,过上自我领导的人生。

程明通过"好奇的圆圈"活动,看到自己对生物、医疗、人工智能很感兴趣,但是他一直不明确自己真正想做什么。一次偶然的机会,他看到一个人工智能把去世者"复活"的视频,想到去世的奶奶,想到以后爸爸妈妈也会离开他,想到世界上有无数人想念着离去的亲人。三个领域合三为一,他确定这就是他想完成的作品。

父母知道他的想法后,和他一起深入了解这个项目涉及的领域、这个领域全国最好的大学及相关专业的高考分数线。假期中,他们还带孩子拜访了一位相关领域的专家。人生作品确认后的程明,内心笃定,学习变得更主动了。

帮助孩子树立作品意识,就是帮助孩子确定一个美好的终点,让孩子自己去打开世界、欣赏世界,然后鼓励他们去创造。当我们帮助孩子以作品为导向去学习和生活时,他们不仅会成就自己,也会为这个世界带来更多的美好与希望。

第4章

赋能——注入持久的生长能量

4.1 建立在绝境中看到希望的信念

哈佛大学的一项研究显示：一个人的成功，85%取决于他在顺境或逆境中是否能保持坚定不移的信念，而仅有15%取决于他的智力和其他因素。这表明，信念在很大程度上支配着人的行为。你期望达到怎样的成就，关键在于你的信念。

信念不仅支撑着人们的生活，还驱使着人们不断奋斗，推动着人们不断前进，让人在绝境中仍能看到希望。如果一个人内心不断自我暗示："我不行！"那么，很难想象他在未来的人生道路上能取得多大的成功；反之，如果一个人内心深处总是自我鼓励："我能行！"那么，他在人生旅途中获得成功的机会将大大增加。

1. 科学归因，为孩子种下希望的种子

驱车在公路上前行时，突然遇到前方堵车，我们的第一反应或许是："前面为什么堵车？发生车祸了吗？还是在修路呢？"会不由自主地探出车窗往前看。这是很自然的反应，因为我们想了解事情发生的原因，然后再根据情况决定接下来自己的行动。这种关注行为或结果原因的信念被称为归因。

1958年，心理学家弗里茨·海德尔在其著作《社会知觉》中首次提出归因理论。他认为，人类天生具有理解和解释周围世界的心理需求，并会运用一种朴素的心理学方法来推断他人行为背后的原因。他进一步将影响人们归因判断的因素归纳为三个维度：

内部因素和外部因素：内部因素是指行为者自身的因素，例如能力、性格、动机等；外部因素是指行为者之外的环境因素，例如运气、任务难度等。

稳定因素和不稳定因素：稳定因素是指相对持久的因素，例如能力、性格等；不稳定因素是指暂时或可变的因素，例如情绪、状态等。

可控因素和不可控因素：可控因素是指行为者可以控制的因素，例如努力程度、策略选择等；不可控因素是指行为者无法控制的因素，例如运气、他人行为等。

同一件事，不同人的归因方式往往各不相同。比如，一次数学考试没考好，小岚认为是自己没有复习好，有些知识点还不太理解，这是内部归因；小鸿认为试卷难度太大，甚至试题超出了教学大纲，这是外部归因。小菁认为自己从小就不擅长数学，不适合学习理科，这是稳定因素归因；小米认为最近家庭事务影响了自己的情绪和考试状态，这是不稳定因素归因。小陆认为这次没考好，下次再努力就可以考好，这是可控归因；而小伍认为自己的数学成绩一直不好，以后永远都不会提高，这是不可控归因。

当我们试图探究自己或他人行为的原因时，便是在进行归因。尤其在面对重大事件或意外结果时，如工作失误、考试成绩不佳等。我们以这种方式寻找信息是为了能够预测将来会发生什么，让自己可以对趋势进行预测，以重新获得控制感，并达成对自己、他人及周围环境一致性的理解。

如果孩子把失败归因为内部因素、不稳定因素和可控因素，如准备不充分、努力不够，或者是缺乏相关的信息，那么他依然会有信心努力提升自己，从而获得一个更为积极的结果。反之，当一个孩子将失败归咎于外部因素、稳定因素和不可控因素时，如"我不擅长数学"或"我确实不擅长写作"等，这种固定型思维将成为他前进道路上的绊脚石，使他难以继续前行，对未来也难以做出成功预期。心理学家研究发现，那些将结果归因为内部因素的人，其自主感更强，也更有动机继续努力。

电影《头脑特工队2》的主人公莱莉，她的大脑控制台后面长着一棵会发光的"小树"，这棵小树由各色美好"记忆球"打造而成。当她想起父母为自己庆祝生日时，朋友给她鼓励时，比赛奋力拼搏时，这棵小树就会发出美丽的银光，给莱莉传递的声音是

"我很棒"。随着青春期的到来,焦虑情绪占据了主导,它像是一个苛刻的评判者,告诉莱莉:唯有赢得比赛,才能赢得更多人的喜爱;只有表现完美,才能踏入理想之境。莱莉屡屡受挫,原本晶莹剔透、柔和且闪着淡淡蓝光的小树变成了刺眼的橘色,它传递给莱莉的是:"我不行,我糟透了。"这就是她的"信念树"。

"我能行"或者"我很糟"的信念,不仅取决于他能做什么,还与他对这件事成败的解释相关。当孩子成功或者没有达到自己目标时,我们如何引导他们,如何鼓励、表扬或者批评,都会影响孩子对自己、对成功和失败的看法,它们将直接影响孩子的学习动机。

2. 自我效能感

小葳妈妈说:"不知道怎么回事,她从小学开始就这样,一篇文章两周也背不下来。《诫子书》这一篇很短的文章,同学们早就会背了,她还是不会。"

我问小葳:"课后有没有下功夫背诵呢?"她无奈地回答:"我尽力背了,可就是记不住,怎么努力都不行!"说着,眼泪噗噗地往下掉。

我想起她妈妈的话,拍拍她的肩膀,笑笑说:"你只是暂时还不会,对不对? 没事的,来,老师教你。这样,你一句一句背,这两句背完了你就来给老师背。你觉得可以吗?"她犹豫了一下,点点头。

我看到她小声背起来,大约过了十分钟,她没来找我,我走过去问她怎么样。她不置可否。"没事,你再背背。"我说。又过了几分钟,我发现她在默写这两句。我知道她一定是想确认自己是否会背了。果然,她背诵得一字不差,但默写时只有几个字是正确的。她羞愧地看着自己的错字,不知所措。

"你看,你可以背会的对不对?而且你还想把它默写出来。虽然字写错了,但是我看到你又都订正好了。"她羞涩地一笑,随即坐下来。

"你继续背下面的两句吧。"我看到她又快速地开始小声背,比刚才更专注了。下课了,她走出课堂,我看见她脸上绽放出久违的微笑。

期中考试前,我鼓励她:"默写,你完全有能力拿满分,只要这一项满分,大概率就可以及格。相信自己,你可以的!"没想到,她真的拿了满分,而且真的考及格了。当我在班级表扬她时,她抬起头看着我,羞怯地对我微笑。

其实,考多少分不重要,让孩子意识到自己可以做到更重要,孩子太需要这样的体验了。这种相信"我能行"的信念叫作"自我效能感"。《动机心理学》一书中说,一个人的能力水平取决于他的能力+自我效能感。当孩子对某个目标具有很高的自我效能感时,这种"我能行"的信念不仅让他更愿意采取行动,而且在行动过程中,他的情绪内耗也会显著减少。也就是说,当我越感觉"我能做到",实际上就越能做到。反之,如果人们觉得难以成功实现预想的目标或结果,就不会产生动机,人们可能会回避这个目标,进而影响自己达到目标的状态。

后来才知道,小葳在小学时,因为有一次没有成功背诵课文而被惩罚,从那以后几乎每次背诵会被批评,就这样,她心中逐渐累积起"我不行,我背不会的"的阴霾,这份信念在一次次的"证实"下,渐渐凝固成了一个难以挣脱的枷锁。所以,父母要帮助孩子积累成功的经验,让他发现自己在某方面有别人没有的才华,哪怕仅有一次,都有可能改变他的一生。托马斯·霍文就是一个很好的例子。

托马斯·霍文十九岁那年在普林斯顿大学,因为成绩不及格经常焦虑,自卑,并质疑自己。

在辍学之前,他决定上最后一节课。这节课是一个关于雕塑方面的高年级讲座。课堂上,讲台中央放了一件细长的发亮的金属物。教授请八位学生对这个细长管的美学特质提出自己的看法。"圆滑的流动性。"某著名俱乐部的一位四年级学生说。"球形和谐。"三年级的学生随声附和。课堂里一片喝彩声。当轮到大三的霍文时,他沉吟道:"这东西太过光滑,太过机械,缺乏温度,太过流线,太过功能化,难以称之为艺术品。"霍文感到抱歉地喃喃自语。

"这个物件是妇科用的子宫镜。"教授说。

从这件事以后,霍文说:"没有任何事可以阻止我了。"

后来,霍文成为纽约大都会博物馆馆长,他因拥有超凡的鉴赏力、敏锐的观察力及艺术领域内坚定不移的自信而声名远扬。

可见,一个人对自身的归因方式会在很大程度上影响其自我效能感。

失败可以给人积累经验,但总是失败就有可能形成"我不行",甚至"我做什么都不行"的信念,进而让人放弃努力。从某种程度上讲,"成功乃成功之母",以前的成功体验能激发人们继续努力;而相似情境中的成功经验,则可以自动鼓励孩子。

4.2 用无条件的爱激发内在价值

在哈佛大学的课堂上,教授拿出了一张20美元的纸钞,他问学生:"你们谁想要?"学生全都举了手。他把钱揉成一个团儿,又问:"谁还想要?"举手的人丝毫没有减少。接着,他把钱扔在地上,又用脚踩了好几下,钞票变得又脏又破。他再问:"还有谁想要吗?"台下的学生依然都举手。教授说:"看来,这张钞票不论变成什么样子,你们还是想得到它,因为它的价值从来没有变过。"

这个经典实验揭示了关于价值的本质,一切外在形式都有可能经历风吹雨打,真正支撑价值的永远来自内在。

1. 自我接纳

七年级的小涵参加了学校主持人大赛,在才艺展示环节,吉他弹奏出了错,而她的好朋友小琪在介绍博物馆时,行云流水,获得全场掌声。小涵心情瞬间跌落谷底,在接下来的模拟主持中,她和搭档的配合也出现了尴尬的冷场,最终只收获了三等奖,而小琪则凭借出色的表现赢得了"金话筒"奖的荣耀。

小涵心里很不是滋味,妈妈见状,温柔地搂住她,轻声安慰道:"宝贝,你已经做得很好了,三等奖也是对你努力的认可。你只是今天不在状态,还遇到意外情况。如果你也能像小琪那样幸运,抽到一个默契十足的高一学长搭档,或许你们的表现会更加精彩。我相信明年你一定会取得'金话筒'奖的。"没想到小涵听了妈妈的话,反应更激烈了:"妈妈,你说什么呢?没有拿到'金话筒'奖,我什么都不是!我用了那么多时间,都白费了!我再也不参加这种比赛了!"

当孩子遭遇挫折,丧失价值感,小琪妈妈试图通过积极愉快的鼓励法来帮助小涵减轻痛苦,重新振作,初衷是好的,结果却适得其反,让小琪更加气馁。因为客观事实是,孩子对自己的期待不只是三等奖,而且这种安慰是对孩子感受的隐秘的否定,潜台词是"你感觉痛苦是不对的,你应该感觉高兴"。这背后是父母对孩子现状的不接纳,暗含着我们对孩子的不认可,即便被表面温暖的安慰包裹着,孩子也能敏锐地捕捉到。另外,哄着孩子让他感觉好,不仅无法让孩子真正建立自信,反而会让他产生更深的自我怀疑:"我很难过,但是我最信任的人告诉我这没什么大不了的,也许这样的感受是不对的,我不能太小孩子气。"于是孩子压抑了自己的感受。当孩子再面对不确定的环境和人生抉择的时候,他能够信任自己,做出判断吗?

不是父母告诉孩子他很好,孩子就能感觉好。自信首先是一个人对自己的了解和接纳,比如,"我没有取得自己想要的结果,我知道自己现在的感受,我很失落,这是很正常的,我可以拥有这种感受。"也就是说,不论自己有什么感受,都是自己的一部分,那都是"我","我"和它在一起,我可以做自己,这种价值感来自内在,这就是自信。

举个例子。在数学课上,小涵对一个重要的知识点越听越糊涂,想问老师,但是同学好像都听懂了,于是她产生了自我怀疑:"我怎么回事,是不是我太笨了……"同样的情况,小琪就举手问老师:"老师,刚才有一个步骤我不太理解,您能再讲一下吗?"

生命中,我们都会遇到这种价值感崩塌的瞬间,恰如数学课上听不懂却不敢提问的煎熬时刻。当小涵因"害怕显得愚蠢"而沉默时,小琪正举手追问:"老师,这个步骤能再讲一遍吗?"两种反应的深层差异,在于是否有接纳"不完美自我"的勇气。没听懂老师在讲什么,这并不能说明"我"哪里不好,也不代表自己没有任何价值了。"我"的价值不在于"我"是否会做这道数学题,是否能拿到"金话筒"奖,作为一个人,"我"本身和其他所有人一样,都具有身为一个人的价值,而且"我"追求外在价值的过程本身也是一种价值。

电影《哪吒之魔童闹海》中,乾坤鼎内魔气翻涌,哪吒中了穿心咒,浑身尖刺鲜血直流。殷夫人逆着九霄雷霆扑向哪吒,任由利刃刺破肌骨也要将他拥入怀中。这一刻,她不再是斩妖除魔的仙将,只是用血肉筑为襁褓的母亲。哪吒,这个被三界视作魔童的孩子,在母亲扑上来的瞬间拼命缩回那些伤人伤己的利刃。殷夫人用鲜血淋漓的手颤抖着抚摸他的脸:"疼不疼?我的吒儿疼不疼?"

哪吒热泪横流,说出人生唯一一句心口如一的话:"娘,我生来就是魔,一直让你们受苦,我也好想成为你们的骄傲!"即将化成仙丹的殷夫人,流着眼泪说:"吒儿,和你度过的每一天娘都很开心,娘从没在意过你是仙是魔,娘只知道,你是娘的儿。"殷夫人这份无条件的接纳,像水一样抚平魔性,让哪吒眼中迸发出人性的光。

艺术作品往往源于真实生命的淬炼。导演饺子当年想放弃医学转攻动画时,所有亲戚都说这孩子废了。饺子妈妈只问了饺子一句话:"你是不是真的想好了?"得到饺子的肯定答复后,父母花了大钱给饺子买了高配置的电脑。父亲去世了,饺子要辞职,母亲继续用爱支持,跟他住在一起,照顾他的饮食起居。母亲用每个月 1000 元的退休金支撑日常生活。整整三年,他们基本没买过一件新衣服,以素食为主,住在破旧的二手房里,每月还要支付 700 元的贷款。

饺子流着泪说:"当全世界都认为自己疯了,名牌大学、工作不要,辞职回家让妈妈养。连我自己都没办法包容自己,但妈妈做到了。"妈妈做到了,不是因为理解孩子,而是源自对孩子的包容。妈妈无条件的爱就是孩子最坚硬的铠甲。

"现代心理学之父"威廉·詹姆斯说:"好的感觉根植于这个世界,根植于我们同这个世界的成功交流。"换句话说,我们的快乐、满足、幸福等正面情感,往往源于我们与外部世界的互动和体验。通过积极的交流和互动,我们能够从中获得滋养和成长,进而产生更多的正面情感。

所以,父母要引导和帮助孩子掌握与世界成功交流的方法,引导孩子学会自我管理,提升沟通技巧及有效应对问题的能力。只有在实践中逐步引导孩子掌握技能,帮助孩子树立自信心,提升孩子的自我价值感,孩子才能产生"好"的感觉。

小琪的转变始于二年级时妈妈和老师的一次深入交流。这次对话后,妈妈思考了很长时间,想不明白为什么昔日在幼儿园活泼开朗的"故事大王",如今却变得沉默寡言,而且一站上讲台就紧张,课堂互动也很少参与。细细回想前些年,自己正处于事业上升期,早晚奔波于工作,忽略了孩子成长的关键阶段。现在,孩子已经步入小学,给予的支持确显不足,好在亡羊补牢,为时未晚。

和小琪爸爸商议后,他们决定每周在家里开启一项活动,命名为"家庭大讲堂"。活动规则很简单:每位家庭成员轮流担任讲师,内容自选。爷爷奶奶讲述他们过往的光辉岁月,爸爸分享自己读书的收获和感受,小琪讲解一道数学题的解题过程……

这个大讲堂从小琪小学二年级开始,一直持续到她上初中。中间偶尔也有间断,但至少保证每个月一次。在这个过程中,小琪的语言表达能力得到了明显提升,更为关键的是,小琪由内而外散发出了自信的光芒。这种充满温情的高质量陪伴,如同纽带一般紧紧连接着家人的心,更在无形中塑造了家庭积极向上、和谐共进的价值观。初一时,小琪主动报名了主持人大赛,获得了"金话筒"奖,现在学校大大小小的活动主持都可以看到小琪的身影。

亚里士多德说:"快乐不是一种可以与我们的所作所为分开的感受,快乐就好像舞蹈中优美的动作,不是舞者在跳完舞后的感受,而是将舞跳得很好时的一种不可剥夺的成就感。"可见,成就感源于对自己的行为感到满意。

但生活中每个人对价值感的判断各不相同,成就感也就不同,有的看重外在认可,有的侧重内在自我肯定,为什么会有这样的不同,哪一种更有利于孩子的发展呢?

2. 内在目标

《聪明教学7原理：基于学习科学的教学策略》一书中，根据每个人的目标导向不同将动机风格分为两种：表现目标和内在目标。

表现目标即保护理想的自我形象，获得好名声或公众形象。以表现为目标的孩子会努力让自己显得聪明，赢得关注、地位，获得外在的赞许和表扬。表现目标又分为两类，即表现趋向性目标和表现回避型目标。表现趋向性目标的孩子，通过达到常规标准来显示自己的胜任力，他们力争上游，保证自己在前列。相反，表现回避型目标的孩子则通过达到常规标准而不至于让自己显得很差。他们用最少的努力、最快的速度完成"别人"给他的任务。显而易见，表现趋向性目标比表现回避型目标更能促进学生的学习。

与表现目标不同的是内在目标，当孩子以学习本身，即内在体验为目标时，他们通常会通过活动或者任务本身获得知识、感受乐趣、提升能力，进而获得成就感和价值感。研究显示，与那些追求表现目标（尤其是表现回避型目标）的孩子相比，注重内在目标的孩子在学习上表现更为出色。他们展现出更强的深度学习能力，更加自信，并且在面对困难时能够坚持不懈，坦然面对挑战，甚至主动寻求更高层次的挑战。

那么，是什么造成这样的不同呢？那就要看一个人主观上认为什么对他来说最重要了，即他的主观价值。通常人的主观价值可以分为三种类型：有人看重最终结果，即成就价值；有人注重内在体验，即内在价值；有人则期望通过活动或任务达成个人所求，诸如名望、金钱或心仪的职业等，他们看重的是这些活动的工具性价值。

一个学生喜欢研究难题，他在解决复杂的数学问题的同时获得了很大的满足感，他还喜欢给别人讲题，以此证明自己的解题能力。这就是成就价值。小涵为主持大赛提前两月刻苦排练、背诵稿件、制作视频。她目标明确，誓夺"金话筒"奖，以期在校内各类活动中崭露头角。她想要的就是成就价值+工具性价值，即完成任务或者实现自己的目标后获得的胜任感和满足感，以及由此带来的好处。而小琪的妈妈坚持通过家庭大讲堂的方式，来提升孩子的语言表达，让孩子更自信。她从未设想小琪能在主持人比赛中夺得"金话筒"奖，她更看重的是孩子能力的成长，关注的是活动或任务本身带来的内在价值，而非仅仅着眼于最终的结果。

我们想要孩子考入名校，现在就要让孩子在班级保持优势名次；我们会衡量通过怎样的策略或者活动帮助孩子最大程度实现这一目标，我们看中的就是工具性价值。在这种价值观的引导下，父母每天问的问题就是：作业写了吗？去补习班了吗？书背了吗？今天认真听课了吗？老师每天关注的是周测多少分，月考多少分，期中排第几。我们采取的激励手段大多侧重于外在表现，如表扬、物质奖励及批评和惩罚。那么，这种理念下培养出来的孩子也大概率是工具性价值和成就价值为主的孩子。

这三种主观价值可能会相互融合，比如一个孩子努力学习数学可以是为了挑战数学难题，以证明自己的实力（成就价值），也可以是出于对数学有浓厚的兴趣（内在价值），希望学好数学以后进入好的大学（工具性价值）。这三种价值并没有是非对错之分，有时候可以相互促进和强化。

例如，一个追求工具性价值的孩子，起初可能会竭力博取老师的青睐，期望获得高分，整日围着老师打转，这样的行为模式可以称之为精致的利己倾向。但是，老师慧眼灼灼，不仅没有被工具化，还对他在做人以及求学上更加严格要求。随着和老师情感联结更为深入及孩子成就感的增加，他对这门课产生了浓厚的兴趣，外在的工具性价值就转化为了内在价值。

为了帮助孩子建立内在价值，我们应该引导他们关注内在世界，重视过程而非结果；关注他们所做的事情，而不仅仅是为了取得成就；鼓励他们设定并关注长期目标，而不仅仅是追求短期结果。

4.3 疼痛是裂缝，光从那里照进来

现实世界并非对每一个人都能温柔以待，我们难免会遇到各种挫折。学校里的考试压力、与朋友的矛盾冲突、家庭中的小摩擦……这些看似微不足道的小挫折，却能成为孩子成长道路上的"绊脚石"。

心理学研究发现，那些在童年时期经历过适度挫折的孩子，长大后往往更能适应复杂多变的社会环境。他们就像在风雨中成长的小树，虽然经历了摇晃，却也因此扎根更深，枝叶更繁茂。相反，那些在温室中长大的孩子，一旦遇到狂风暴雨，往往不堪一击。

一个人在面对逆境、创伤、压力或重大生活挑战时，能够恢复甚至超越原有状态的能力，被称为心理韧性，它就像心灵的"弹性纤维"，帮助我们在跌倒后重新站起来。心理韧性强的人内在价值稳固，自信满满，能迅速调整心态，自我激励，不懈地尝试。

心理学家马丁·塞利格曼提出，心理韧性并非天生，而是可以通过后天培养的。他强调，父母和教育者可以通过引导孩子正确面对挫折，帮助他们学会从失败中汲取经验，从而培养出强

大的心理韧性。

1. 孩子需要失败

嘉嘉妈妈向我分享她和女儿的故事。

嘉嘉一进家门就开始抱怨:"妈妈,我的语文考砸了,作文没写完!而且我的饭卡丢了,气死人了,找遍了所有地方都没有找到!我今天还和张灿灿吵架了,烦死了!烦死了!"

嘉嘉妈妈听后,不禁皱起眉头。她看着嘉嘉焦急地在房间里翻找饭卡,想到孩子明天还要面对考试,而此刻已是晚上九点半,她的心里也泛起了一丝烦躁。但她深吸一口气,努力平复自己的情绪,微笑着对嘉嘉说:"饭卡丢了没关系,我们明天再去补办一张。"

"你说得倒轻松,明天还有考试,时间那么紧,我补办饭卡不需要时间吗?"嘉嘉恼火地说。妈妈尝试帮她解决问题:"实在没时间的话,你可以先让同学请你吃一顿,下次再请对方不就行了。"

"我找谁啊,我和你说了,我今天和张灿灿吵架了!"

"朋友之间偶尔有争执也很正常,你们之前不是一直相处得很好吗?明天你试着主动找她聊聊,说不定就和好了。"

"你以为我想和她吵啊,我再也不想理她了……"

嘉嘉妈妈一直在好脾气地安慰她，想让嘉嘉尽快感觉好起来，以免影响睡眠和第二天的考试，没想到却让她越来越烦躁了。

嘉嘉妈妈试着不再被女儿的情绪所打扰，而是坐下来耐心地听完孩子的抱怨，然后温柔地看着孩子说："真是难为你了，这么多不如意的事情都凑到了一起。不过，我也注意到，即便在这样的时候，你依然能够保持冷静，完成晚自习和复习任务。饭卡丢了，你也没让自己饿肚子，你是怎么做到的？"

"我还能怎么办，明天就要考试了，我肯定要先复习。是灿灿请我吃的饭，我们是午饭后吵的架。"

"看得出来，虽然语文考砸了，饭卡丢了，和灿灿吵架了，这些糟糕的事让你心烦，但是你可以和这些烦心的事共处，并暂时放在一边投入复习，能做到这一点很难得。"

"嗯，幸亏吃完饭才吵架的，不过她不理我，我也可以找别人请我吃饭。"嘉嘉笑起来。

"真是的，我明明记得把饭卡放在校服口袋里了。"嘉嘉皱着眉头，随即又恍然大悟地说："哦，我今天早上换校服了，饭卡应该在之前那件校服口袋里。"说完，她便笑着向卧室跑去。

"积极心理学之父"马丁·塞利格曼在1996年完成的《论挫折与自信的关系》中说："孩子需要失败，他们需要感到悲伤、焦虑和愤怒。我们冲动地保护孩子免于失败时,实际上剥夺了他们学习的机会。当孩子遇到挫折时,如果我们弱化打击,并用热情的赞美使他们分心,而不是正视问题,这样做只会使他们更难达到掌控。如果我们剥夺他们获得掌控的机会,那便会使他们失去自信,这个效果跟我们蔑视他、侮辱他、嘲笑他和体罚他结果是一样的。"

当我们和孩子说"这点事情算什么呢,没什么大不了","不要耷拉个脸,生活中快乐的事情还有很多",看起来是在鼓励孩子,其实传达的是"不要痛苦,我们要快乐"。潜台词是"逃避痛苦"。如果我们总想逃避痛苦,这会让我们对这个情绪这样评判:"这很可怕!""这是不好的!""我不该难过!""我不能抱怨!"这种对自我感受的拒绝和不接纳会让我们难以放松,进而陷入更深的困扰和焦虑。这样做,快乐只会越走越远。

当我们不再着急盯着解决问题,而是先接纳孩子眼前所面临的困境,以及他的坏情绪,当我们看到即使在困境下,孩子还有自己的应对方式,那么孩子的内在力量就会被看见,并一点点生长。他也会看到:是的,这样的糟糕事,我还是可以应对的,那么我还害怕什么呢?我是可以的!

另外,糟糕的事情已经发生,把这些坏事情抛之脑后并不是一件容易的事,而且并不是所有的事都能立刻解决,解决问题也需要时间和契机,在问题没有解决之前的这段时间,孩子必须接纳他现在糟糕的境地和坏心情,接纳的过程便让孩子逐渐拥有了心理韧性。心理韧性就是我们在体验各种情绪的同时依然有保持自我、看见自我的能力,这些能力帮我们从压力、挫败、逆境中走出来,在此基础上重见快乐。

2. 先接纳痛苦,再解决问题

只要活着,我们每天都可能面对变化、压力和痛苦,以及由此带来的各种情绪。我们应该如何看待情绪?我们选择的应对方式决定了自身受情绪影响的程度。

案例一:

欣欣没有完成作业,磨磨蹭蹭不想去上学,她和妈妈说:"我作业没写完,老师一定会批评我的,我不想去上学。"

妈妈责备道:"你看看,你之前都在做什么呢?每天都这样拖拖拉拉,我已经提醒过你很多次了。算了,我给老师发个信息,昨天参加聚会回来太晚了。我告诉你,这可是最后一次。"

案例二:

积木好不容易搭至半途,一不留神撞倒了,哗啦啦散落一地,乐乐气得号啕大哭,还将积木狠狠掷向远方。爸爸看到乐乐哭了,赶紧上前安慰:"别哭了孩子,来,爸爸给你搭一个超级城堡,你可以把所有恐龙都放在这里。"

欣欣妈妈的做法是为了保护孩子,以免她受到批评;乐乐爸爸的做法,是为了避免孩子受到打击。本质上,他们都在代替孩子解决问题。欣欣认为,妈妈会帮她解决难题,所以她可以逃避;乐乐会认为爸爸很厉害,自己做不到,以后遇到困难就找爸爸。显然,这与我们培养孩子心理韧性的初衷南辕北辙。

马丁·塞利格曼教授指出,在面对挫折和心情不佳时,有两种选择。一种是和消极情绪待一会儿。比如,引导孩子体会此刻的焦虑并思考它在提醒自己什么,然后行动,做出改变并尽力实现自己想要达到的目标。另一种是离开那个让他感到失败的或者产生消极情绪的情境,将环境整体移开。

积木倒了重新搭起来,拼图坏了成功拼好,被老师批评了也不在意,这就是心理韧性吗?其实这恰恰是对心理韧性的误解。心理韧性并非逃避挫折或感受,也不是简单地克服困难以取得成功。它更多地关乎个体在逆境中的适应和恢复能力,而非直接关联到成功的结果。

心理韧性,即个体在面临压力、挫折甚至危机时,仍能保持情绪稳定、积极应对并迅速恢复的能力。它不仅体现在忍受痛苦的定力上,更是一种迎难而上的能力,哪怕暂时没有成功仍旧不放弃,不轻易否定自己的能力。培养心理韧性的最佳时机,正是在面临挫折尚未获得成功之时。这一过程虽充满挑战,却至关重要。

那么,究竟该如何着手培养呢？

罗曼·罗兰认为,只要有一双忠诚的眼睛与我一同哭泣,便值得我为生命而受苦。这句话强调的是,当我们遭遇苦痛,首先需要的不是解决问题,而是陪伴、共情和倾听。

孩子作业没写好,不愿意去上学,我们不该对孩子说:"我帮你和老师说。"而应该对孩子说:"作业没写完确实很担心被批评,所以你需要到学校和老师说明情况,告诉老师你会在什么时间把作业补好。"积木倒了,我们不说:"我来帮你搭。"而是说:"是的,这个真不容易,好不容易快搭好了,竟然前功尽弃了,现在该怎么办呢？"

尽管我们时常提醒自己,为了让孩子在未来面对困难时不至于手足无措,应当避免代替他们解决问题,而要陪伴他们一同面对挑战,但仍然有疏忽大意之时。

丫丫小时候,有一次,怎么也拧不开一个饮料瓶。我走过去,轻轻一拧,便帮她解决了难题。次日,在好友家中,相似的情景再次上演。苹苹怎么也撕不开一个零食的包装袋,急得满脸通红地去找妈妈。妈妈接过来,费了好大的劲,却依旧无法撕开,不禁沮丧地说:"这包装也太结实了,竟然连个开口都没留。"

我那狡黠的老友,一脸无奈地把那包零食递给了眼巴巴望着的苹苹,笑道:"你看看,还有没有其他辙?"孩子接过来想了想,跑到房间拿来一把小剪刀轻松搞定了。妈妈顿时像中了大奖般惊呼:"哎呀,我咋就没想到呢!还是我的宝贝聪明,能想出这等妙招,真是了不起!"我目睹了她全程的"表演",转而望向苹苹,她一脸得意。回想起昨日,那得意之态也曾属于我。真是此一时彼一时,我默默将此事铭记于心。

同样,当生活中有大事件发生时,例如大考失利、生病或者亲人去世,如果我们对孩子说"一切都会过去的",或者"你还小,不用担心这些事情",那么孩子就会认为,他们不应该有那些感受,他们会选择漠然,这比痛苦本身更可怕。诗人鲁米说:"疼痛是智慧的先导,正如黑夜孕育黎明。"痛苦是生活的一部分,而且是孩子提升韧性、实现智慧成长的重要的一部分。

父母想要孩子远离负面感受,虽然出发点是好的,但结果往往适得其反,因为大多数所谓的对孩子的保护,只不过是自我安慰罢了。而且这种保护其实是跳过痛苦,而痛苦还在孩子心底,此时孩子只能独自承受已经产生的痛苦。所以,与其远离,不如面对。

与其对孩子说:"你这次考试没有取得理想的成绩,没关系,我们继续加油。"不如这样说:"你没有达到理想的成绩,那所心仪的学校现在可能无法前往,你感到难过很正常。但我们要勇敢面对现实,一起看看还有哪些选择可以努力。"

我们传达给孩子的话外音是,如果发生了难过的事情,我们必须面对,同时"我"和你始终在一起,我们可以一起渡过难关。于是,光就会从疼痛的裂缝中照进来。

4.4 不要让正在进步的孩子感到气馁

著名教育家陶行知先生曾经在一所小学做校长。一天,他走在校园里,看到一名男生用砖头砸另一个同学。他及时制止男生,并让男生去自己的办公室。在了解情况后,陶行知回到办公室,发现那名男生正在等他。男生内心忐忑,但又觉得自己没错,梗着脖子一副不在乎的样子。

没想到陶行知掏出一颗糖递给男生:"奖励你一颗糖,因为你很准时,比我先到了。"男生愣住了。

陶行知接着掏出第二颗糖:"再奖励你一颗糖,我不让你打人,你立刻就住手,说明你很尊重我。"男生将信将疑地接过糖,原来僵硬的身体不知不觉放松了。

陶行知又掏出第三颗糖:"再奖励你一颗糖。我了解了一下,你打同学是因为他欺负女生,说明你很有正义感。"说完,陶行知微笑着看着男生。男生眼圈红了,眼泪簌簌流下,他抽泣着说:"校长,我错了。不管怎样,我用砖头打人是不对的。我下次跟他讲道理。"

陶行知点点头,掏出第四颗糖:"再奖励你一颗糖。知错能改,善莫大焉。我的糖发完了,我们的谈话也可以结束了。"

每一个孩子都是一个鲜活的生命,我们要给予他们充分的理解与尊重,关注每一个细小的进步,从而激发他们内在的潜能,并让这个能量滚动起来,形成正向循环,以此帮助孩子积极向上地生活和学习。

1. 理解与尊重

心理学研究发现,当父母以"理解者"而非"改造者"的姿态出现时,孩子更愿意敞开心扉。就像园丁不会责怪玫瑰为何带刺,智慧的父母懂得,那些所谓的"问题行为",往往是孩子未被看见或听见的生存策略。

理解,是穿透表象的深度共情。当孩子沉迷游戏时,看到的不应该是"堕落",他只是在虚拟世界寻找现实中缺失的掌控感;当孩子沉默锁门时,解读的不应该是"叛逆",他只是在用冷漠筑起保护自尊的城墙。尊重,则是赋予生命尊严的郑重托举。它不是放任,而是相信每个个体都有向光生长的本能。在尊重中成长的孩子,更能展现出决策的自信。理解与尊重的交织,构建起了孩子心灵的"安全基地"。

一天,昊昊妈妈分享了她与儿子的故事,眼神里透着光。

昊昊从小就是一个极为体贴的孩子,那份超乎年龄的懂事让人心疼。直到他上小学五年级时,我和他父亲的婚姻走到了尽头,他不得不随奶奶一起生活。从那以后,我们之间的沟通越来越少,曾经无话不谈的亲密似乎也被时间悄然冲淡。偶尔见面,也多了些陌生感。

进入初中后,由于学校离家较远,加之他父亲因为工作原因无法每天准时接送,所以就让昊昊住校。本以为昊昊就这样慢慢长大。直到有一天早上,班主任打来电话说,昊昊的成绩非但没有起色,更让人担忧的是,他开始不交作业,上课也不专心听讲,甚至在宿舍熄灯后,仍偷偷使用手机玩游戏,直至深夜。这已经是初三的关键时期,如果再不努力学习,就考不上高中了。我内心一震,想起了奶奶曾打来电话说:"昊昊现在脾气可大了,我昨天让他不要打游戏,帮忙做些家务,他突然大发脾气,大声让我不要管他。周末回到家吃完饭,他也总把自己锁在房间里,很少和我们说话。"

我意识到,孩子在父母风雨飘摇的婚姻里已经经历太多担惊受怕:常常在我们的吵架声中惊醒;他爸喝醉回来摔东西……这一切都给他幼小的心灵留下了难以磨灭的伤痕。现在,他选择用游戏来逃避那份孤独与恐惧,用冷漠来筑起一道高高的围墙,试图将自己与外界的伤害隔绝开来。

想到这些,我内心不禁涌起一股复杂的情感,有悲悯,有自责,更有一种想要弥补一切的渴望。我决定跟他好好聊聊。

我匆匆赶到学校。在老师办公室，我看到站在老师身边的昊昊。我首先向老师表达了诚挚的感谢，感谢她对昊昊的关心与付出，并坦诚地承认了自己在教育孩子方面的不足与疏忽。原本紧张害怕、表情僵硬的昊昊，在感受到我的理解与包容后，脸上的线条也渐渐柔和了下来。

随后，我和昊昊在校园门口的餐厅用餐。看着他疑惑的表情，我真诚地向昊昊道歉，因为我和他爸爸之间的关系出了问题，特别是这些年忽略了对他的关心，最终导致他如此孤独和无助。昊昊抬起头看着我说："妈妈，您今天在老师面前没有批评我，这让我觉得很意外。因为爸爸和奶奶经常批评我，我觉得自己一无是处。妈妈，是我做得不好，我不应该让你们担心的，以后，我一定好好学习。"听到这里，我的眼泪再也止不住地流了下来。

那一刻，他不再是那个躲在房间里逃避现实的孩子，而是一个懂得承担责任、勇于面对困难的少年。他为我开门，帮我拿衣物，与服务员礼貌交流……这一切的一切，都让我深切地感受到，我的儿子，他真的长大了。

人生苦难重重。我们大多只看到自己面临的困境与磨难，却很难理解和接纳孩子身处困境时的挣扎、退缩、怯懦乃至懒惰，以及他为此做过的努力。那些看似不够勇敢或不够勤奋的行为背后,往往隐藏着他们在那个特定时刻所能做出的最大努力与抗争。

只有当我们愿意放下成见,尝试以一颗宽容的心去接纳孩子,看见孩子的不易时,理解和接纳才有可能发生;只有当孩子真切地感受到父母的看见与善意,改变才会发生。此时,冰雪融化,草木萌发,内在力量油然而生。

2. 以解决问题为导向

昔客堡的创始人丹尼·梅耶曾经讲过这样一个故事。

他的祖母是一位很有园艺天赋的老人。九岁那年,正值四五月份,他满心欢喜地踏入祖母那片充满生机的花园,协助祖母打理。

祖母微笑着对他说:"此刻,就让我们携手揭开那打造非凡花园的神秘面纱吧。"于是,他每天尽职尽责地去除杂草。

祖母说:"不。"她握住他的手,轻轻地把他的手从杂草上拉下来,然后递给他一个水桶,说:"我要教你如何给花浇水。因为如果你真的想除掉杂草,那么,你需要做的最有效的事情就是给花浇水,因为花会提供顶篷似的树荫,这样会阻止杂草获得生长所需的阳光。"

就像这个故事一样,日常生活中,我们总以"问题"为导向,想着立刻去除杂草,试图一劳永逸地解决问题,但是杂草还会再次生长,于是,我们陷入了不断除杂草的循环,疲惫且沮丧。祖母却以"解决"为导向,告诉孩子他要做的事情是给花浇水。

20世纪80年代初期,美国一科研团队在临床实践中发展出了焦点解决短期治疗法。

这种方法以解决问题和提升能力为导向,主张个体放下无法改变的过往,全身心地致力于当下及未来的发展,它是一种对个体予以充分尊重、深信个体自身所拥有的资源及潜能的临床干预模式。这种方法带给我很多启发,在教育实践中也给了我很多惊喜。

新学期开学后,晓峰妈妈忧心忡忡地告诉我,晓峰在寒假期间沉迷游戏,每天玩至深夜,中午才起床,所以读书笔记和作文一个字也没写,她感到束手无策。作为他的语文老师,我本想严厉地批评晓峰一番,但转念一想,父母的责备似乎并未带来实质性的改变。于是,我决定尝试一种新的沟通方式,与他进行了如下对话:

"晓峰,你知道吗?昨天你没来上课,同学们分享了他们在假期的经历、感受和收获,真的很棒,也很让我感动。我想知道,你的假期是不是也有一些难忘的经历,或者发现了什么有趣的事情呢?你愿意和我分享一下吗?"

晓峰想了想,说:"假期里,我帮奶奶整理了仓库的物品。"

"哦？整理仓库的物品？这听起来挺有意思的。"我继续引导他。

"是的,奶奶平时要给爸爸公司的员工做饭,空闲的时候还要帮忙整理仓库。所以,我偶尔也会搭把手,帮她一起收拾。"

"有你的帮忙,奶奶一定很开心吧?"

"嗯,是的。"晓峰轻轻点了点头。

"我觉得你这个经历很有意义,我还想了解更多细节,不如你把帮助奶奶的经历记录下来,写在周记本上,如何?"晓峰听后,脸上露出了愉悦的笑容,欣然接受了这个建议。

周一早晨,晓峰一见到我就说:"老师,我那篇文章写好了。"这位经常不写作文的孩子,竟然洋洋洒洒地写出了八百字的文章。

传统的以"问题"为导向的沟通方式,往往难以触及孩子的内心,甚至可能激发他们的逆反心理。相反,以"解决"为导向,通过积极、引导性的沟通,能够帮助孩子聚焦于积极的未来,看见自己的能力,并找到解决方案。我们要深信:每个孩子都能凭借自身的能力和资源为解决问题带来可能性。

3. 小改变有大价值

柏拉图说:"永远不要让正在进步的人感到气馁,无论他们进步得有多慢。"

孩子不会一夜之间变好,而是要循序渐进、日积月累。他们的大脑需要通过无数次的重复练习及迭代,来吸收新知、塑造行为,乃至形成性格。引导孩子离开旧有的习惯,就像在荒芜的土地上重新开辟一条新的道路,起初只能依靠渺小却坚定的力量缓慢前行,一天接一天,一周接一周,周而复始。

每一次小小的进步都是对自我掌控、成就感与胜任力的积累,这些宝贵的体验如同种子,深植于心,激发着孩子内在的潜能,促进他们自我赋能,逐渐成长为自信、坚韧的个体。随着时间的推移,那条曾经杂草丛生、阻碍重重的老路才会被压平,变成一条光明而又充满希望的大道。

诚诚妈妈是一位心理咨询师,她向我分享了与孩子互动的故事。

诚诚常常晚上偷偷打游戏,导致次日早上无法在既定时间起床,进而引发全家人每天出门前都手忙脚乱。最近,老师反馈说,诚诚月考成绩出现下滑,我觉得必须要找孩子聊聊了。征得诚诚的同意后,我们一家四口决定召开第一次家庭会议。

作为会议主持人,我用充满仪式感的开场白拉开了家庭会议的帷幕。我先抛出了一个开放性问题:"回顾上一周,诚诚有哪些做得好的地方呢?"

面对我的询问,诚诚显得有些沮丧,低头轻声说:"我觉得自己没有做得好的地方。"

我试图引导家人看到积极的方面,说道:"我注意到,这周有一天晚上,诚诚没有玩手机,而且整体玩手机的时间也比以前少了。"

爸爸紧接着补充:"我还发现诚诚开始主动整理数学错题了。"

"哥哥周末还带我去湖边跑步了。"七岁的妹妹兴奋地说。原本表情严肃的诚诚露出了羞涩的笑容。

我继续深入引导:"诚诚,你能分享一下,那天是如何做到不玩手机的吗?"

诚诚想了想,回答道:"那两天作业多,我也想早点起床,不然爸爸又该唠叨我了。"他边说边看了一眼爸爸。

"看得出来诚诚不仅很重视学业,还很在意和爸爸的关系哦。那你是怎么忍住不玩手机的呢?我记得你以前说过,手机一上手就停不下来。"我继续追问。

妹妹迫不及待地插话:"哥哥说让我帮他把手机藏起来。"

"哦,原来是这样,多亏有妹妹的帮忙啊!"我对妹妹表示了赞赏,妹妹听完后更是得意地笑了。

"你可别把妹妹给带坏了……"爸爸刚想说什么,被我用眼神制止了,然后我继续引导诚诚:"当你决定不再想着手机时,自己的状态有什么变化呢?"

"之前我把手机放在柜子里,但还是忍不住去拿。后来让妹妹帮我藏起来,我就不会想着手机了,发现写作业更加专注,效率也提高了。"

爸爸听后,也连忙表扬诚诚:"我儿子能主动想办法管理自己的手机,太棒了!"

诚诚有些不好意思地挠挠头,承诺道:"以后,如果不是周末,我就不看手机了,只在周末晚上玩一会儿。"

"太好了,这样哥哥早上就能早起,家里就不会吵架了。"妹妹兴奋地拍着手,大声说。

我欣慰地说:"看来我们今天的家庭会议已经找到了解决方法,我们一起为哥哥鼓掌吧!"客厅里响起了热烈的掌声与欢笑声。

在家庭会议中,诚诚妈妈巧妙地运用了心理咨询领域焦点解决短期治疗中的 EARS 技术(eliciting, amplifying, reinforcing, start again)。作为一种积极赋能的心理干预工具,其在家庭教育场景中展现出了独特的应用价值。它通过细致入微的引导,激发并巩固了孩子的正向改变。

①引发(eliciting)

孩子未必能关注到自己的变化,所以家长需要具备"显微镜式观察"的能力,通过时间、程度和领域三个维度捕捉积极信号,关注孩子有改变和进展的地方,哪怕是极细微的改变。

时间维度:对比过去 24 小时或一周内的行为变化。程度维度:关注"0 到 1"的突破,而非完美表现。比如,"我注意到,这周有一天晚上诚诚没有玩手机,而且整体上玩手机的时间也比以前少了。"

②扩大(amplifying)

把细微变化进一步扩大,和孩子一起探讨这个变化对自己、他人及解决问题的影响,并鼓励孩子分享自己达成改变的方法与细节,以进一步把这些经验迁移到其他方面。比如,当诚诚妈妈发现孩子很在意父亲的感受时,不仅给予了即时肯定,还借此契机拉近了亲子关系。

③强化(reinforcing)

当谈到孩子的积极改变和进步时,给予肯定或赞美,以强化孩子改变的行为,包括语言强化,如真诚的赞美;还包括非语言强化,如身体前倾、专注的表情、高昂的声调等,都是对孩子努力的直观认可,它们可以极大地鼓舞孩子的士气,让孩子感受到被看见、被重视的力量。

④重复(start again)

引导孩子关注其他正向改变或问题不出现的例外情况。比如:"还有哪些改善(好转)或不同的情形？你是怎么做到的？谁帮助到了你？他们认为你的改变对自身有什么意义？"等。这些问题促使孩子深入反思,帮他们认识到了改变的价值,从而使他们更愿意努力维持、内化和巩固这个好的改变,并勇敢迈出下一步。

EARS 技术的精髓在于将教育者的角色从"问题纠错者"转化为"成长发现者"。当家长学会用放大镜寻找孩子的进步和成长时,家庭教育便从简单的行为矫正升华为系统的成长赋能。这种沟通模式,不仅适用于亲子互动,更为构建积极家庭生态系统提供了可操作的方法论框架。

当诚诚父母细心关注并赞美孩子的每一个小改变时,孩子就有了更大的勇气去解决问题,同时也激发了他持续努力的决心。即使是生活中一个不经意的微笑、一句鼓励的话语,都可能如同投入湖面的石子,激起层层涟漪,最终产生让人惊喜的深远影响。

在日常生活中,我们也可以通过以下问题来帮助孩子觉察自己的变化：

- 今天发生了什么事情让你不自觉微笑起来？
- 今天发生了什么事让你感觉很有意义和价值？
- 最近有什么事情让你感到被激励？
- 最近你有什么成就，虽然很小但很难得？
- 最近学习到了什么新的知识，或者有哪些新的思考和发现？
- 学习中哪一件事让你最近感到骄傲，你是怎么做到的？
- 最近哪一天在哪方面你学习的效率很高，你是怎么达到高效的？

以上这些问句都是在引发孩子关注正向事件，告诉他们，这些小小的改变、发现和新收获，就像滚雪球一样，能够积累并最终带来巨大的改变。当孩子可以自我肯定，并不断强化这种感觉的时候，就能更好地照顾和提升自己了。这一切的改变，都源于父母对孩子问题的重新建构。

4.5 用赞美的语言浇灌心灵的花朵

前文提到的 EARS 技术中,当谈到孩子的积极改变和进步时,我们应该给予肯定或赞美。因为赞美是对孩子本身的肯定,是对孩子实现目标所付出努力,以及过程中表现出的优秀品质的看见和赞赏,也是对其获得的成功的支持与肯定。赞美可以增强孩子的自尊感和自信心,有助于降低面对挑战时的挫败感和恐惧感,给孩子带来光亮与希望,从而使他们更愿意积极地采取行动。

回想我们过去或者近期被赞美的经历,一定会有一种心花怒放、阳光明媚的感觉。某一次赞美甚至可能成为人生重大改变和成长的重要因素。这种来自亲人、朋友乃至陌生人的真诚赞美,如同我们生命中的力量源泉和守护神,逐渐塑造并丰富了我们的生命底色。

1. 直接赞美

直接赞美,是一种直接且明确地向对方表达赞赏的方式,它能够迅速有效地传递我们的肯定与鼓励。

当我们惊叹于孩子的成就时,不妨直言不讳:"哇,你这篇文章写得真是太吸引人了,文字间流露出了你的真挚情感与思想深度!"这样的赞美,如同温暖的阳光,能够瞬间照亮对方的心房。

我们也可以通过描述客观事实来表达赞美:"我看到你搬来凳子,和弟弟一起从冰箱里把酸奶拿出来了。你们配合得真好!"这种方式虽然看似平淡,却饱含真诚与认可。

在陈述对方难能可贵的品质与努力时,可以说:"在完成繁重作业的同时,你依然能够坚持每天阅读,撰写读书笔记和日记,这种毅力与坚持,实属难能可贵!"这样的赞美,让他们更加珍视自己的付出与成长。

直接赞美能让孩子振奋精神,但它并非总能持续发挥作用。因为我们往往站在自己视角看待对方的优点,而这些优点在孩子心中也许并不那么重要或显著,所以有时候我们的赞美可能并未触动对方的心弦。

为了更有效地传递赞美与鼓励,我们可以试着引导孩子发掘自己的优点,在直接赞美的句式后,不妨加上一个问句,如:"你是怎么做到在作业那么多的情况下还能保持阅读习惯的?"当孩子回答这个问题时,实际上意味着他们已经接纳了我们的观点,并开始关注自己的优点。这样的提问,能够激发孩子思考,让他们回顾成功的方法、步骤和背后的想法与感受等,这就是"自我赞美"。

我们对良好表现、进步之处的充分探讨,以及停留在与此相关的人、事、时、地、物的细节上,就能让孩子感受到我们对他的关心和关注,在此基础上加以强化,就能提升孩子的自信心。同时,这样的赞美和引导能帮助孩子更加深入地认识自己,增强自我认知与自我价值感。这对于缺乏自信的孩子来说尤为重要。

2. 间接赞美

直接赞美是站在赞美者的角度,对孩子展现出的积极行为或成就给予肯定与鼓励。而间接赞美则是运用第三者的视角,通过引导孩子想象其生命中重要他人(如父母、祖父母等)的反应,来激发孩子的内在动力。

比如,我们可以这样询问孩子:"假如你的妈妈知道你在课堂上这样专注、努力地学习,她会怎样称赞你呢?"或者,"想象一下,你的爸爸如果知道你这次考试进步这么大,他会怎样表达自己的喜悦和兴奋呢?"再如,"当你的奶奶看到你那么细心地照顾妹妹,她会说什么呢?"

通过这种情境再现的方法,引导孩子从其生命中重要他人的视角出发,深切体会自己的每一点进步是如何触动他们心弦的。这种情感上的共鸣,不仅加深了孩子与家人的情感连接,更点燃了他们内心的价值感,使他们因得到重要他人的赞许而乐于巩固优点,持续前行。

此外,我们还可以将孩子的优秀表现和进步分享给亲戚朋友。比如,当孩子在某项竞赛中凭借坚韧不拔的毅力荣获佳绩时,我们不妨通过电话将这个喜讯传递给远方的爷爷奶奶、外公外婆,让他们通过言语跨越时空的界限,传达对孩子的赞赏之情。

家庭聚会时,我们也可以向亲戚朋友透露孩子近期的优秀表现、显著进步,以及做某事时表现出的好品质。这些不经意的言语、表情和欣赏的目光,都会影响和促进孩子正向发展。

我们还可以把别人的称赞传达给孩子,比如,"奶奶说,你上次到她家的时候,主动帮忙做饭、洗碗,他们特别开心。"或者,"老师说,你最近在课堂上经常举手回答问题,思考得特别深入。"

这种正向的反馈与肯定,无疑会在无形中巩固并发展孩子的优秀品质。我、你、他等不同视角的赞美与欣赏一点点滋养着孩子的心灵花朵,为孩子构建了温暖的正向循环生态系统,从而让孩子绽放出属于自己的光彩。

3. 赞美是一种艺术

在养育孩子的过程中,我们时常忧虑,过度的赞美或许会让孩子滋生骄傲情绪。赞美是一种艺术,运用时需审慎考量以下几个方面:

①赞美应植根于事实,避免浮夸之词

比如,"哇,全是 100 分,我的宝贝真是天才,其他小朋友都比不过你!"这样的赞美听起来鼓舞人心,实则过于夸张,容易让孩子陷入自我膨胀的误区。

我们可以这样表达:"这次考试,语文和数学都是满分,真不容易,你是怎么做到的呢?"这样基于客观事实的赞美,可以帮助孩子形成客观的自我认知,而不至于骄傲自大。

②赞美应该关注当前的行为,不看过去,不应附加期待

"你今天虽然按时起床了,但我叫了你三次。""很好,晓峰,今天专心写作业了,没有像以前那么不听话。"这些话前半句是一个很好的描述性赞美,但后半句又把孩子拖入了沮丧的过去。孩子感受到的不是赞美,而是责备。

"你这次考试成绩不错,继续努力,下次争取进入年级前百名!"或者,"你洗碗洗得真干净,以后家里的碗就归你洗了。""虽然语文考得不错,但数学要加油了。"这些话语前半部分是真诚

的赞美,后半部分却掺杂了对未来的期许。

真正的赞美应该聚焦于孩子当前"已经做到的"和"已经拥有的优点",而不是未发生的未来的成就。

③发掘孩子的闪光点

你也许会问,明明孩子有很多问题,为什么我们还要赞美他们呢?这恰恰是赞美的意义所在。每个孩子都是自己问题的主宰者,也是解决问题的关键所在。他们不仅拥有优点和成功的经历,还具备解决问题的独特资源和能力。

小禹连续两天没有完成作业,老师和家长都批评他。但在此之前,他有两周都按时完成了作业,这些努力是否被我们看见并给予反馈了呢?往往没有。因为我们认为按时交作业是理所当然的。然而,对于听不懂课、作业完成速度非常慢的他来说,这两周按时交作业已经非常难得。如果我们能及时看到并强化这个小进步,询问他是如何做到两周都按时完成作业的,这对他来说将是非常有益的。

学业满分自然值得称赞,小禹虽然只得了60分,但他努力的过程及取得的进步同样值得肯定。在学校经常调皮捣蛋、总被叫家长的孩子愿意接受批评,并且在被批评后的一周内都在尽力管理自己;一位早上起床困难、总被别人催促的孩子,现在开始主动设定多个闹钟来提醒自己,这些自我管理的尝试同样值得我们的赞美。

所以,我们要打破那些外显的世俗意义上的优异表现,深入发掘孩子日常面对困难或挑战时的优秀品质,如理智、善良、合作能力、坚韧等。这些优点一旦被我们看到并得到肯定,就能够鼓舞他们。

④赞美要及时给予

一位平时上课总是嘻嘻哈哈找乐子的学生,突然有一天坐得端端正正,认真听完了一节课。我随即对他的课堂表现给予了直接的赞美。

相反,如果我们只在孩子犯错时给予反应和关注,这会无意中强化孩子的一个错误观念,即只有犯错时才能获得成人的重视,从而造成"三天不打上房揭瓦"的局面。除此之外,停止问题行为是开始正确行为的基础,我们要及时发现孩子做得对、做得好的地方,并及时给予赞美。

⑤赞美要充分

虽然越来越多的家长意识到了赞美的好处,并开始赞美孩子,但遗憾的是,有些赞美只是一带而过。比如,孩子考试在班级进步了五个名次,我们常说:"这次表现不错。"

"充分地"赞美就像欣赏一朵美丽的花,需要我们驻足细赏,全面观察,轻嗅花香。对于孩子做得好的地方,我们应该注意到细节,围绕细节去赞美。

在忙碌而平淡的生活中,我们或许已经渐渐淡忘了被赞美的感觉,甚至不再能对自己最爱的人进行充分的赞美。但请记得,真诚的赞美是连接心灵的桥梁,是激发潜能的钥匙。

第5章

自律——设计自动运转的成长程序

5.1 野马与缰绳,如何实现自我主宰

你是否对这样的场景似曾相识:当你坐下来准备开始工作时,却不由自主地伸手拿起手机刷起了社交媒体;当你下定决心减肥时,却一闻到甜点诱人的香气就瞬间放弃了抵御;当你立志保持情绪稳定时,却在某个时刻因为一件小事而爆发了一通不必要的脾气……

再看看孩子们:清晨,闹钟响了许久,他们却依然赖在床上,迟迟不愿起床;他们信誓旦旦地承诺写完作业后只玩半小时游戏,到了睡觉时间一看,作业一字未动;他们定下每天背诵十个单词的计划,满怀激情地坚持了短短两周后逐渐懈怠,最终不了了之……

我们通常将这些行为归咎为不够自律。但自律并非天生,而是一种可以通过后天培养的能力。如果想培养自律的能力,首要任务便是探究影响自律能力的各种因素。

1. 自律是一种自我选择

1923 年,精神分析学派奠基人弗洛伊德在其著作《自我与本我》中,详细剖析了人格结构理论,即本我、自我和超我。这一理

论解释了潜意识(深层)、前意识(中层)和意识(表层)的形成及相互关系。

本我,潜藏于意识形态之下,是人性中最原始的、满足本能冲动的欲望。它是与生俱来的,它无意识、非理性、非社会化,充满混乱与无序,唯一遵循的原则便是"唯乐",即如同荒野中自由奔跑的马匹,追求即时的快乐与满足。

自我,是从本我中逐渐分化出来的,位于人格结构的中间层,它既受到本我原始欲望的拉扯,又需遵循超我道德规范的指引。它遵循现实原则(中止了享受原则)。它像一位智慧的骑士,努力驾驭着本我这匹桀骜不驯的野马,确保其行为既符合内心需求,又不违背社会法则,在此基础上寻找着满足本我欲望与实现社会适应之间的微妙平衡。

超我,是人格结构中的管制者,由完美原则支配,属于人格结构中的道德部分,由社会规范、伦理道德、价值观念内化而来。超我如同一位严苛的导师,时刻监督着自我与本我的行为,既抑制本我的冲动,又鞭策自我不断向更高的道德标准迈进,追求至善的境界。

本我就像一个被宠溺的孩子,原本在平静且专注地行进,目光突然被路边那片翠绿欲滴、肥美诱人的草地所吸引,他立刻兴奋地高呼起来:"看哪!那是多么诱人的草地,我要在那里尽情撒欢!"话音未落,他便不顾一切地挣脱了理性的束缚,如同脱缰的野马,朝着那片草地狂奔而去。

与此同时,自我,这位理性的调解者,正左右为难。他一边聆听着本我的呼唤,内心涌动着对那片草地的向往,一边又犹豫着是否要对本我进行必要的约束与控制。就在这关键的时刻,超我,那位站在道德与理想高峰的严厉导师,从背后对自我发出了震耳欲聋的呼喊:"你这个犹豫不决的家伙!你难道没看到本我正在偏离轨道吗?赶紧行动起来,用你的理智与决心管住他,记住,日落之前我们必须到达预定的目的地,完成我们的使命!"

自我匆忙间伸手去勒紧那象征理智与自律的缰绳,试图将本我从狂欢的边缘拉回现实的轨道。但遗憾的是,那匹烈马的速度与决心远超自我的预料,已然冲至草地中央,悠然自得地躺卧下来,享受着片刻的宁静与满足。超我目睹这一幕,气得满脸通红,大声斥责道:"你应该在他迈出第一步时就果断制止!你应该坚守我们的目标与原则!"

在现实生活中,当我们面临挑战与抉择时,这种人格内部的对话往往异常激烈。本我倾向于逃避困难,追求即时的愉悦,于是提出:"这太难了,不如刷会儿手机放松一下。"而超我则严厉地提醒我们不应放弃目标,坚持说:"不行,你赶紧去工作!"在这场内心的拉锯战中,自我时而与本我结成同盟,享受着短暂的逃避与放松,但随后又在超我的责备与自我的内疚中清醒过来,陷入空虚、愧疚和自责中。

这就是为什么我们常常会感到内心深处那个最好的自己和最坏的自己总在不断地交锋与对话。因为每个人体内都住着三个"我":时而温柔随和,善解人意;时而暴躁易怒,难以自控;时而冷静理智,深思熟虑;时而冲动多变,难以预测;时而坚定执着,矢志不渝;时而朝秦暮楚,犹豫不决……

它们没有对错。当我们无法驾驭内心的马车时,所谓的自律便成了一纸空文,难以落实。一方面,我们可能陷入暴饮暴食、虚度光阴、无谓发怒的漩涡中,如同无头苍蝇般盲目冲撞,最终收获的只能是一片荒芜;另一方面,如果超我过于严厉乃至严苛,反而会激起本我的强烈反抗,从而使我们陷入深深的焦虑与不安之中,甚至变得愈发暴躁与易怒。

在当今这个信息爆炸的时代,我们无时无刻不在面临着来自四面八方的诱惑和刺激。从频繁弹出的广告窗口,到各种即时通信工具的消息提醒,再到使用电子设备所带来的信息过载等问题,这些都极大地分散了我们的注意力,挑战着我们的自控力。然而,作为拥有自由意志的人类,我们不能像机器那样被算法所左右,而应坚守内心的自主与独立。

正如康德所言:"意志并不简单地服从规律或者法律。他之所以服从,由于他自身也是一个立法者,正由于这规律、法律是他自己制定的,所以他才必须服从。"理性是一种强大而不可抗拒的力量,它能够驱散一切外界的纷扰,涤除所有自私的念头,确保自己制定的道德法则保持纯洁与庄严。也就是说,自律是一种理性且合乎德行的自我选择。

心理学研究表明,那些成就高且自律的人,往往不自诩为自律,而是通过倾听和接纳不同的声音,有效平衡内在本我与超我之间的关系,从而展现出令人钦佩的自律行为。他们懂得在适当的时候放松自己,同时也能按照自己的节奏去努力。在这样的状态下,自律就能自然而然地发生。

所以,当孩子展现出不自律的言行时,我们无须急于批评与指责。相反,我们应该引导他们学会倾听自己内心的三重奏——接纳不完美的自我,发现那个优秀的自我,并最终领悟到自己是命运的主宰。

只有当孩子能够为自己加冕、为自己制定法则时,才真正谈得上自律。也只有真正自律的人,才能清晰地认识到自己的目标和价值所在,然后才能不畏艰难险阻,不惧讥讽嘲笑,不被诱惑所动摇,才能无私无畏地承担起自己的责任与使命。这样的人才能真正拥有自由——一种超越物质与欲望的自由,一种源于内心深处的真正自由。

2. 增强自我意识是自律的第一步

自律,说起来简单,但真正做起来并不容易,因为生活中大部分人就像开启了"自动挡",根本没有意识到自己在无意识中做出了各种决定。心理学家的研究结果显示,仅仅食物选择方面,每个人每天都需要做出高达227个决定,这一数字令人咋舌。更令人难以置信的是,在这些决定中,其中200多个决定都是在无意识状态下做出的。

如果我们在日常生活中对自身的选择和决定毫无察觉,又何谈自律呢?心理学家卡尔·荣格曾指出:"除非你让下意识意识化,否则它将支配你的生活,而你会称之为命运。"下意识意识化是指将潜意识或无意识的心理活动转化为有意识的思维或行为,这是迈向自律的第一步。

"存在心理学之父"罗洛·梅认为,自我意识是人类的独特标志,是人类的最高品质的根源,也是人类区别"我"与世界能力的基础。它赋予人类超脱当前、回想昨天和想象明天的能力。例如,当刷小视频的冲动涌上心头时,我们如果能立刻察觉这一冲动,并明晰是何种情境触发了它,同时预见此刻刷小视频可能引发的后果,那么,我们或许就能停止这个行为。自我意识在外界刺激与自我反应之间设置了一个缓冲区,正是这微妙的停顿,使我们得以把握自控的主动权。

姚明是 NBA 罚球命中率最高的中锋之一。退役后,他曾分享自己的罚球秘诀:从小,父母就告诉他要把罚球动作固定下来。在青年队时,姚明习惯运四下球就投篮。后来,有一位教练建议他运五下球,让动作节奏稍慢一些。再后来,另一位教练让他把运球之后、投篮之前的那个停顿点抬高到鼻子的高度,稳定一下再投。从那以后,直到退役,姚明的罚球动作始终如一。

姚明并不是每次罚球时先告诉自己暂停,然后运球五下再投篮,而是每次罚球都自动运球五下。同样,我们也可以在每次做决定或者发表观点之前,先深呼吸,思考一下再做行动。只要长期坚持,这种好习惯就会形成默认模式,取代之前的无意识本能模式。

事实上,比停顿更难的是知道什么时候停顿。

神经学家发现,经常进行冥想训练不仅能够显著提升注意力和自控力,帮助我们更好地管理压力、克制冲动,还可以减轻压力和焦虑,提高自我意识和自我控制力,培养积极的情绪和心态。比如,冥想可以帮助人们减轻成瘾和戒烟的症状,通过改变大脑结构和功能,对成瘾行为的戒除产生积极影响。

除了冥想之外,我们还可以教给孩子一种快速提高自我意识、提升自我控制能力的方法:将呼吸频率降低到每分钟 4~5

次，也就是比平常呼吸慢一点，每次呼吸用 10~15 秒的时间。这样坚持几分钟之后，也能感到平静和放松，这也是一个很好的让自己进入睡眠状态的好方法。

此外，与孩子一同漫步于绿意盎然的大自然，无论是散步、沉思、闲聊、嬉戏，还是简单地深呼吸、伸展四肢，都能有效缓解压力，让身心回归宁静，进而提升自我意识与专注力，增强自控能力。

当我们具备自我意识以后，是否就能很好地做到自律呢？事实并非如此。

在具备自我意识之后，我们还需要进行自我整合。这个过程涉及对欲望与准则的调节与平衡，以达到个体在内在需求、外在现实及未来理想等方面的和谐一致。

我们可以和孩子一起观察和回顾，在一天或者一周中，自己的哪些行为是屈服于本我的意动和欲望的，哪些行为是在超我的唠叨和奔放下冲动而为的。或者思考，在做出一个决定之前，我们是否意识到自己在做决定。在这个过程中，我们要尊重并倾听孩子的感受，仔细观察并适时给予提醒和指导。

一个能够随时与自己进行深刻交谈的个体，将不再是依赖外力推动的"客体"，他是能够主宰自己命运的"主体"，他更容易实现自律。

5.2 延迟满足是更高意义的奖励

当今时代,孩子的成长环境中充满了各种即时的诱惑与奖励机制。不可否认,追求即时满足是人类的天性使然。正如弗洛伊德提出的"唯乐原则",即人的心理器官将所有的活动都集中于一个目标:"追寻快乐和避免不快"。

我们不可能每时每刻跟在孩子身边"打地鼠",而是要教会他们在面对诱惑时如何做出明智选择,从而在未来的人生旅途中,从容不迫地追求那些真正给自己带来内心满足与持久幸福感的目标。

1. 从唯乐原则到唯实原则

弗洛伊德在《超越唯乐原则》一书中深刻地阐述了支配心理活动的两大对立原则——"唯乐原则"和"唯实原则"。婴儿期从唯乐原则到唯实原则的过渡是关键的转折点,标志着婴儿开始充分发展感官能力,并逐步形成自我意识、注意力和判断力,从而能够从外部世界提取所需信息。

在孩子成长过程中,唯乐原则如影相随,随时都想夺回自己失去的地盘,这是因为人类天生就有一种"紧紧抓住"那些能带来快乐和满足感的习惯。比如,有的孩子在踏入游乐场的那一刻,便沉醉于无尽的欢乐中,迟迟不愿离开;有的孩子一旦打开游戏便难以自拔,因为游戏的关卡设计得一环扣一环,令人欲罢不能;还有的孩子走进那些光彩夺目的玩具店,不惜花费成百上千元,只为满足那份收藏的乐趣及与同伴分享时的喜悦……

那么,究竟是什么促使我们从追求即时享乐转向追求长远目标的呢?弗洛伊德认为,人们之所以愿意放弃短暂的快乐,是因为在追求长期目标的过程中,他们能够获得更为持久且确定的满足感。比如,孩子抑制打游戏的冲动,获得了完成学习任务的成就感和自我实现的喜悦。所以,培养孩子自律,生硬地剥夺他们眼前的快乐是不可行的,与其这样,不如引导他们放弃有害的快乐,并选择对个人成长更有益、更高层次的快乐。

还记得在我六七岁时,家里养了几百只鸡,妈妈隔三岔五就给我们炖上一锅香气扑鼻的鸡汤。每当那金黄酥软的鸡肉出锅时,她都会撕下两只鸡腿,放到碗里,再用笼布轻轻盖好,然后吩咐我趁热给爷爷奶奶送去。

从我们家到爷爷奶奶家,步行不过七八分钟,但对我来说,这段路却充满了考验。那时,我的肚子早已饿得咕咕直叫,而刚出锅的鸡腿更是散发出难以抗拒的香气,不断挑动着我的味蕾,让我口水直流。于是,我脑海中仿佛有两个小人在激烈地争辩。

一个声音带着诱惑的语气说："你就吃一个,爷爷奶奶肯定不会发现的。"

另一个声音则严肃地说："但是,这样做,爷爷就没得吃了。而且,要是妈妈知道了,你就完了。"

那个诱惑的声音继续说："你就吃一小口,奶奶不会发现,妈妈也不会知道的。"

而另一个声音则更加坚定地说："不,我不能这样做！我要坚守住自己的承诺。"

夜色里,我使劲咽着口水,努力克服要把鸡腿拿出来啃上一口的冲动。终于,我踏进了爷爷奶奶的院子,看见昏黄而温暖的灯光,我大声喊:"爷爷！奶奶！"他们微笑着迎了出来,接过我的碗,眼神中满是喜悦和疼爱,布满皱纹的脸庞似乎也明亮了。当我完成这个小小的使命后,心中顿时感到无比轻松与释然,脚步也随之变得轻快无比,内心的喜悦如同插上翅膀,引领着我一蹦一跳地欢快回家。我知道,此时家中,妈妈应该已经准备好丰盛的晚餐,等待着我的归来。

在我初次翻阅弗洛伊德的《超越唯乐原则》时,那熟悉的鸡腿香味仿佛在夜色中悄然弥漫,将我的思绪带回那个给爷爷奶奶送鸡腿的温馨场景。多么幸运,在我还是一个小女孩的时候,两个鸡腿教会我暂时放弃即时的感官快乐——大快朵颐的快乐

(唯乐),获得了更高意义的爱的奖励——爷爷奶奶的感谢和爱,以及心灵的自由与快乐。

正如泰戈尔所说:"爱在爱中满足。"人与人之间的爱相互交织,共同为孩子提供成长助力与心灵滋养。

2. 爱是自律的密码

爱,不仅仅是一种心灵富足的感受,还是自律的密码,可以促进孩子不断向上,跨越人生的成长阶梯。

一岁之内的"口腔期",孩子会通过吮吸来满足其本能需求。如果断奶太早,这种吮吸欲望不能得到满足,他们就会在其他方面寻求替代,比如有些孩子咬着毛毯才能入睡,有的孩子要抓着妈妈的头发或者布娃娃等,这些行为虽看似无奇,实则反映了孩子内心对爱与安全感的渴望。随着年岁的增长,他们逐渐将注意力转向现实世界,这些习惯才会自然淡化。

丫丫吃手指的习惯应该是从三个多月断奶时开始的。有一次回老家,丫丫的婶婶和叔叔发现丫丫食指因长期吮吸而起的老茧,大声惊呼起来。那一刻,我心中五味杂陈。我意识到,是时候引导丫丫改掉这个习惯了。一天,我看到她又开始吃手指,于是决定与丫丫进行一次深入对话。

我温柔地抽出丫丫含在嘴里的手指,轻声问道:"哎呀,丫丫,你看你的手指怎么回事呀?"丫丫好像第一次注意到自己起了老茧的食指,露出了惊异的表情。

我趁机带着哭腔说:"丫丫,这个手指有点变形了,它哭了,它说:'丫丫,你不要再吃我了,你吃我的时候我很疼。'"丫丫看着自己的手指,表情很严肃。

我继续绘声绘色地说:"手指说:'我是用来写字、画画、弹钢琴、做饭的,我可以做很多事情,但是我不是用来吃的,丫丫,你不要吃我了。'所以丫丫,当你想吃它的时候,你亲亲它就好了。"

话音刚落,丫丫就亲了亲自己的手指,朝我露出了微笑。我连忙亲吻了她的额头,轻声鼓励:"嗯,这样真好,你的手指似乎也舒服多了。"

毕竟是持续了一年多的习惯,哪能一下子就改掉呢?我只能不断提醒。

中午,丫丫要睡午觉。当她又习惯性地把手指往嘴里放时,我小声地提醒她:"丫丫,手指要难过了!"她立刻停止了吮吸动作,迅速地亲了一下手指,然后看看我笑了。我及时表扬了她,她就趴在我的肩膀上,抓着我的头发。虽然过了很久才睡着,但她一直没有吮吸手指。

晚上,丫丫没有吮吸手指就睡觉了。第二天一整天,她都没有吮吸手指。虽然半夜里我还能听到那熟悉的吮吸声,但考虑到她睡意蒙眬,便没叫醒她,等她睡熟了,自然就不吮了。

第三天中午,丫丫看着自己的手指又"哦"了一下,还让我看。我说:"对呀,你不吮吸它,它慢慢就好了,就变漂亮了。"

听了我的话,丫丫又亲了手指一下,样子真是可爱。家里所有人都知道丫丫不吃手指了,他们都表扬丫丫。虽然丫丫可能不完全理解这些表扬的含义,但她显然很开心。就这样,经过一个星期的努力,丫丫彻底改掉了吮吸手指的习惯。

让孩子放弃原本的快乐,是一个很不容易的过程,所以我们不能责备孩子,而要引导他们注意自己无意识的动作产生的影响,并且用他们能明白的语言来解释。同时,我们要相信每一个孩子都是善良的,可以用我们的爱,来引发他们的爱,让他们体会到爱的奖励。当他们体会到这种更真实的快乐时,就更容易放弃那个幻想中的不健康的快乐。

爱的奖励就是爱的教育。爱不是放任自流,不是让孩子成为唯我独尊的小霸王。即时享乐的原则会时刻诱惑他,我们需要通过行动向他传达:我理解你的感受,但某些行为必须停止;我爱你,但我不认同你当前的行为。这样,孩子才能在爱与规则的引导下健康成长。比如,当孩子看到别人手中的玩具时,可以学着和他人协商共享,或者请求妈妈去买,而不是跑过去直接抢走。

爱的教育不是要求孩子放弃自己的欲望,而是为他们提供与社会生活相协调的目标来满足欲望,让孩子变成文明人。在这个过程中,孩子不仅可以获得社会认可,而且自己开动智力满足了自己的需求,从而获得了身体、情感等各方面的成长。

爱的教育需要父母以身作则,引导孩子洞察自身需求的同时,亦能体察他人的需要,并将其与社会规范相融合,从而协助孩子树立规则意识,培养良好的学习与生活习性,并通过示范一点点教会他们如何坚持不懈,克服困难。

这个过程中,父母所付出的时间和精力、在孩子每一个重大抉择时的在场、斩断孩子即时享乐思想时的笃定,都会让孩子感受到父母水一样的柔情和山一样的坚定。这柔情和坚定可以让孩子认识到自己的重要性、成长的意义,以及成长过程中必须经历的痛。在此之后,他们自律向前,勇敢地承担起责任,坚持不懈地追求自己的梦想。

5.3 三步走,帮孩子养成自我管理的习惯

希腊神话《奥德赛》中有一个著名的故事:

主人公奥德修斯经过墨西哥海峡时,事先得知该海域住着海妖塞壬,她是一位人首鸟身的绝色美女。塞壬经常飞降在海中礁石或船舶之上,用自己美妙绝伦的歌声迷惑过往的水手。任何听到塞壬歌声的水手,皆难逃其诱惑,致使航船触礁,船员们则成为她的腹中餐。那片海域的海岛上,白骨累累,阴森可怖。

智慧勇敢的奥德修斯渴望聆听塞壬那美妙的歌声,却又不愿成为她的牺牲品。于是,他想出了一个绝妙的对策:他让所有船员用蜡封住双耳,以隔绝塞壬的歌声,同时让船员将自己紧紧绑在桅杆上。这样一来,奥德修斯既能听到塞壬美妙的歌声,又不会被其诱惑而迷失方向。最终,他带领船员成功渡过了那片危险的海域。

奥德修斯之所以能够成功渡过海域,是因为他预先知道自己将面临诱惑,然后提前采取措施对抗诱惑。然而,在现实生活中,很多诱惑并不明显。比如,多吃了一块蛋糕,似乎不会立刻导致体重增加;刷一小会儿视频,似乎也不会耽误太多工作;贪

睡一天，似乎也不会让成绩立刻下滑。这些小小的放纵看似无关紧要，但日积月累，它们会逐渐侵蚀我们的意志力，使我们陷入不良习惯的泥潭。

生活是一个周而复始的长期过程，充满了无数的选择与挑战。要想在这样的环境中保持清醒与自律，我们需要制订一个系统的自我管理计划，将琐碎的任务落到实处。

1. 提前约定

《掌控习惯》的作者詹姆斯·克利尔曾提出：承诺机制是一种策略，通过提前预订好未来的安排，确保无论个人意愿如何，都必须采取行动。例如，通过支付费用报名课程，若不参加则费用浪费，从而确保自己会出席；或者使用手机飞行模式锁定设备，防止分心。此外，也可以让他人协助，如每周由助手重设社交媒体密码，直到周末才告知新密码，以此减少上网时间，专注于写作。

生活中，我们可以通过日常惯例表来和孩子约定生活和学习中的重要事宜。那么，如何制订才能让一个满脑子只想着玩的孩子认真完成惯例表上的具体安排呢？

①明确惯例表的目的，邀请孩子一起参与。让孩子参与制订计划，不仅能增强他们的责任感，还能让他们感受到被尊重和

重视。

②和孩子一起头脑风暴需要做的事。玩是孩子的天性,当他兴奋地喊着"玩玩玩"时,家长不要生气或指责,而是要遵循头脑风暴不评判的原则,把他的想法一一记下,哪怕有些想法很荒唐。这种尊重和包容可以让孩子安静地坐下来,开始认真对待惯例表这件事。

③按照事情的轻重缓急调整任务顺序,并标注每一项完成的时间,以确保孩子不是在假期最后几天才匆匆完成任务。

④询问孩子的意愿并赋予他们主动权。在惯例表完成后,可以询问孩子:"你们愿意在未来一周按照这个惯例表去执行吗?"在他们确认后,邀请他们给这个惯例表取个自己喜欢的名字,并签名(小孩子可以画上代表自己的图案),然后,把惯例表贴在孩子想要张贴的地方。这种仪式感让孩子感到自己是计划的主人,从而更愿意执行。

⑤每天反馈和每周总结。我们一起反思做得好的地方在哪里,怎么做到的,以及无法做到的原因是什么,需要做怎样的调整。在这个过程中,要始终关注孩子的进步,而不是责备他们的不足。

除了这样具体的书面约定之外,一个口头约定也能有效避免80%的诱惑。比如,在孩子进游乐场之前,约定游玩的时间;

出门聚会时,约定相关餐桌礼仪;家长外出时,约定孩子在家的安排;当孩子想拿起手机娱乐时,询问孩子:"你打算玩多久呢?"而不是直接命令:"二十分钟后还给我!"

如果孩子从小就开始制定日常惯例表,等他们长大后,就能自己制订计划,逐渐养成有计划、有节奏的学习和生活习惯。这种习惯不仅有助于他们的学业,更能为他们的未来生活奠定坚实的基础。

2. 克服潜意识的拖延

即使再完美的计划,依然会出现不能完成的情况。孩子常常会找各种理由推迟执行计划。比如,对任何指令都条件反射地回应"等我看完这集动画片""等我玩完这局游戏";写作业前必须削五支铅笔,整理半小时书桌;每次练琴前都要反复调音、擦琴键;本应三十分钟完成的算术题,因频繁喝水、上厕所、玩橡皮延长至两个小时。这些行为看似微不足道,实则是潜意识的拖延策略在作祟。

1830年夏天,维克多·雨果承诺要完成的书稿已经到了最后期限,但是他一个字都没写,时间都花在寻求别的项目招待宾客上了。出版商也无可奈何,只好又设定了新的截止日期,在那之后的不到六个月时间里,即1831年2月前必须完成那本书。

雨果已经没有退路，他制订了一个奇怪的计划来克服他的拖延症。他把自己所有的衣服归拢到一起，并让助手把它们锁在一个大箱子里。除了一条大披肩，他没有任何衣服可穿。1830年秋冬期间，由于没有适合外出的衣服，他一直待在书房里奋笔疾书。《巴黎圣母院》于1831年1月14日提前两周出版。

所以，如果我们不能将潜意识中的拖延、逃避等行为模式提升到意识层面，它们就会悄无声息地控制我们的生活，最终让我们陷入被动和无奈。

①从小目标入手

不管是孩子还是成人，想要养成好习惯，一开始就不要贪多求全，而要先从最小的目标入手。只有在完成每个小任务时获得成就感，才有可能不断重复这个动作，日积月累，好习惯才能内化为一种生活方式，进而让坏习惯无机可乘。

《微习惯》一书的作者斯蒂芬·盖斯就是一个典型的例子。他通过每天只做一个俯卧撑、每天只读一页书、每天只写50个字的微习惯策略，成功培养了良好的习惯，并最终写出了全球畅销书《微习惯》。这种"小步快跑"的方式，不仅降低了行动的启动门槛，还在不知不觉中为巨大的改变提供了可能。

对于孩子来说，可以从每天读五分钟书、写一行字、整理书包这样的小事开始。当这些微习惯逐渐成为生活的一部分时，孩子的自信心和自我管理能力也会随之提升。

②公开承诺

心理学家罗伯特·西奥迪尼在其著作《影响力》中指出："一旦你成功地将一个人的自我形象调整到你所期望的位置,这个人就会不自觉地遵循一系列与这个新自我形象相匹配的行为准则。"换句话说,当我们公开承诺某件事时,我们的行为就会与这一承诺保持一致,从而形成内在的激励与自我管理。

得到 App 创始人罗振宇,从每天六十秒的分享开始,到宣布要坚持二十年跨年演讲,再到二十年文明之旅,通过公开承诺的方式,不仅让自己养成了好习惯,也让千万粉丝跟着养成了一种习惯。

如法炮制,我们可以和孩子一起制定学期目标,比如一学期读完多少本书,完成多少万字的写作量,并把这个承诺公之于众,让大家共同期待这件事。在期末时,可以通过某种仪式来庆祝这一成果的达成,这样就会形成一种正向激励,而不是反向监督。

③与未来联结起来

哲学家德里克·帕菲特认为,如果一个人觉得与未来的自己有联结,他就会关心自己的幸福,并采取让自己在未来受益的行为;反之,如果觉得与未来的自己很疏远,他就会做出对现在有益的选择。比如,如果一个人觉得退休后的自己遥不可及,他可能就不会未雨绸缪,存钱养老;如果一个孩子觉得和大学后的自己关系不大,他可能就不会刻苦学习考取大学。

　　为了帮助孩子建立与未来的联结,我们可以引导孩子想象未来:10年、20年后的自己在哪里生活?过得怎么样?如果有一个场景,当时在做什么,旁边会有谁?通过这种给未来画像的方式,让当下的自己与未来联结起来。或者以给未来的自己写一封信的方式,将孩子置身于长期主义的决定中。

　　当孩子意识到现在的选择会影响未来的生活时,他们就会更加坚定地抵抗眼前的诱惑,无论是面对生活中的重大抉择还是细微决定,都会有意无意地与未来的自己建立起一种联系,从而做出更有远见的决定。

5.4 从模仿他人到塑造自我

小时候,每天晚上七点前,爸爸都会雷打不动地打开电视机收看新闻联播,这个习惯从未间断。那时的我,对国家大事并没有多少认知,但是新闻联播的主持人却像一块无形的磁石,紧紧地吸引了我的目光。他们在我眼中,不仅容貌端庄大方,声音更是宛若天籁。

正是这份潜移默化的影响,在我心中悄然种下了一粒种子:我要成为像他们一样优秀的主持人。于是,我开始不自觉地模仿他们的举手投足,常常揣摩他们的仪态和声音。因此,尽管我成长于普通话并不普及的农村环境,我的普通话竟也说得颇为标准。

在小学阶段,无论是庄严的入队仪式、温馨的教师节庆祝,还是每年的清明节扫墓活动,只要需要主持,老师都会把这个机会给我。每当我站在舞台上,脑海中便不由自主地浮现出那些身着白色西装、风度翩翩的主持人。尽管我没有受过任何专业训练,但是在台上也说得有模有样。

有人说:"养成一种习惯,收获一种人生。"而我是"向往一种人生,养成一种习惯"。在较长的一段时间里,我把这些优秀人物的音容笑貌,镶嵌在自己成长的年轮里,记录着我的成长轨迹,也塑造着我的人格与梦想。

1. 身份的力量

自孩提时起,人们便开始了一场关于自我的探索之旅,怀揣着对力量、勇气、智慧与美的无限向往,这些都是自己内心深处所渴望的。

《哈利·波特》中,四个学院代表了不同的价值观和身份。孩子们根据自己的内心所好,选择心仪的学院作为自己的身份徽章,身着不同的学院服,这是自我身份的一种深刻认同与宣告。

随着孩子渐渐长大,他需要经历一个推翻旧我、重塑新我的过程,这也是真正开始自我认知的时刻。特别是在这个多元化的时代,孩子接触的不仅有现实中的人物,还有动漫、游戏、AI 等琳琅满目的虚拟角色,以及各种令人眼花缭乱的周边产品、手办、模型等。当我们为孩子选择和购买这些产品时,往往也隐含着对他们的期望。这些因素交织在一起,共同构筑了一个无形的大环境,潜移默化地雕琢着孩子的自我认知。

此时,家长和教育者可以结合孩子的喜好和潜能加以引导,不断拓展他的好奇心,为他提供相关领域的优质资源。这就像给孩子一个点,他便会以此为起点,不断拓展自己的认知边界,直到这个模糊的身份定位逐渐变得清晰,最终成为真正的自我。

如果孩子喜欢人工智能,我们可以问:"人工智能专家是怎样的人?"孩子可能会说,他们具有很强的专注力、抗挫力,他们不仅擅于深入探究,而且具有创新精神。我们可以继续问:"他们都做了什么,是怎样做到的?"孩子的注意力便会自然而然地聚焦于学习优秀品质上。当孩子遇到困难时,我们可以问:"如果人工智能专家遇到这样的困难,他们会怎么做呢?"这样引导,孩子就能从这个身份定位中汲取力量。

一旦孩子对未来自己的身份有了定位,就拥有了一个如影相随的"北极星"。这个"北极星"就是孩子想要成为的人格类型,然后他就可以采取小步骤强化自己想要的身份。基于这样的身份,他内心就会慢慢形成一个个信念:

①"我"是专注力特别强并且爱钻研的学生。

②"我"是具有创新精神的科学家。

③"我"是心中有大爱、利国利民的企业家。

我们还可以把孩子的理想和兴趣爱好与他想要的身份相连接。贝贝喜欢物理,对于广袤神秘的宇宙充满好奇。妈妈给他买来大量的相关书籍:《从一到无穷大》《星际信使》《人类为什么要探索太空》《爱因斯坦传记》《马斯特传》等。他从《三体》开始,追溯到科幻作品的鼻祖,几乎涉猎了所有知名的科幻佳作,进而将触角延伸至逻辑学、心理学乃至哲学的广阔天地。大量而广泛的阅读,让他拥有了广阔的知识面,课内知识也变得相对简单起来,贝贝的成绩从年级两百名,一路飙升到年级前五。因为对科学的热爱,他立志要进入顶尖大学深造,以实现自己的科学梦想。

如果发现孩子在一些劣质甚至不良价值观的作品和人物上投入时间,我们要及时引导。只要我们秉持尊重之心与他坦诚探讨和分析,孩子自会明辨是非,做出对自己成长有益的选择。

2. 榜样的力量

用榜样的力量来塑造习惯的过程,是一种从未来到现在、从外在到内在、从全局到细节的全方位、长期的引领和塑造的过程,无须外在监督,便能形成强大的牵引力。

1978年秋,十五岁的迈克尔·乔丹蜷缩在电视机前,屏幕里正在重播1978~1979赛季马刺队和子弹队的东部决赛。那是篮球史上的一场经典战役,子弹队在1∶3落后的情况下连扳三局,上演惊天逆转,最终战胜马刺队。

当画面定格在乔治·格文第四节用一记"指尖挑篮"穿过两名防守队员时,乔丹突然抓起桌上的橙子,在厨房地板上笨拙地模仿起偶像的运作。解说员也不禁惊呼:"他的手指,仿佛在琴键上轻盈跳跃,如同弹奏着肖邦的夜曲!"这句话一下击中了乔丹,他因为身高不足1.78米被高中校队拒之门外,教练批评的声音在他耳畔萦绕:"你的手掌僵硬得像铲子!"乔丹还发现,录像显示格文起跳高度不过50厘米,却能通过身体控制完成空中滑翔。在那一刻,身处黑暗的他心中仿佛闪过一道璀璨的光芒:原来,腾空的时间远比绝对的高度更加重要。

第二天,乔丹去训练,强迫自己用指尖接球,直到指纹都被磨平。他开始在沙坑中练习跳跃,记录每次滞空时能念完的字母数量,这个方法后来发展成为著名的"Air"时间测量法。而这卷改变他命运的录像带,是他通过两周为邻居修剪草坪获得的。

1998年,NBA总决赛第六场最后的5.2秒,乔丹投出了那记著名的"世纪绝杀",全世界都看到了他起跳时伸出的舌头——这是他在模仿儿时偶像"冰人"乔治·格文的标志性动作。但没人知道,这个动作背后藏着4000多个凌晨4点的训练故事。

2019年,乔治·格文在接受采访时,展示了乔丹高中时期寄给他的信。那泛黄的信纸上有一行褪色的字迹:"您教会我如何用0.1秒改变篮球的旋转方程,但更重要的是,您证明了1.78米的身高也能在巨人国里书写传说。"

毋庸置疑，十五岁的乔丹心中的理想自我就是乔治·格文。次年冬季，在重获校队资格后，乔丹的笔记本里出现了令人震撼的训练日志：

格文常规赛平均触球次数：82 次/场→今加练左手运球820 次。

格文挑篮手腕角度 30 度→浴室镜面标记角度线，闭眼练习达标率 67%。

发现：格文吐舌时呼吸节奏改变→含住冰棍训练，防止分心。

除此之外，他还将格文的技艺精髓细化为 237 个训练模块，从呼吸节奏到鞋带系法等每一个细节，都设立了严格的标准；他在更衣室柜门内侧贴着格文某场比赛的 37 个技术统计，每天用红笔更新自己的数据对比。这种解剖学级别的模仿，在运动科学上被称为"行为复刻"。

如果说身份的形成是一个由模仿外界逐步转向探索内在自我的渐进过程，那么习惯的塑造则是一个持续不断的自我雕琢与重塑的过程。通过高中时期的刻苦训练，以及后来在车库改装棒球发球机进行的超量训练，乔丹的投篮技术达到了极高的水平。现代生物力学分析显示，乔丹的投篮轨迹与格文相似度达 91%，而球体旋转速度则快了 1.2 转/秒。

在少年乔丹给乔治·格文那封信的末尾,乔丹画了个物理公式:F(梦想)= M(模仿)×A(独创)。当年的他也许尚未完全理解这个公式,但30年后,当我们在慢镜头里解析那个著名的"世纪绝杀"时,发现乔丹起跳角度是格文式的30度,空中姿态却是乔丹独有的0.5秒滞空,这一切早已超越了格文。

我们要让孩子看到,这些天才级人物的辉煌成就背后,是无尽的汗水与坚持。在通往卓越的路上,没有任何捷径可言,人类大脑需要经历长时间的沉浸与磨砺,方能掌握一个领域的复杂技艺,进而释放创造力,享受心流状态的愉悦。

这或许就是引领者的终极意义:通过模仿来塑造自己,然后独立出来,拥有了自己的身份;成为自己的明灯,然后成为他人的明灯,就像我们曾经被他人照亮一样,开始照亮他人。

5.5 环境设计,AI 时代的孟母式突围

有一天,我买了一束澳梅,点点粉色的淡雅花瓣,在冬日的清冷里暗香浮动,绽放出独特的坚韧,瞬间点亮了我的心情。然而,当我把花插进花瓶放在桌上时,才发现桌子的质感和颜色无法衬托这束花的美丽。于是,我赶紧给桌子铺上了一个月之前就买好的桌布。

接着,我环顾四周,又发现混乱的书架与这束花显得格格不入。于是,我立刻动手收拾书架,顺便整理了沙发,清理了地毯。然后,越看越觉得所有房间都需要重新打理:卧室要好看一些,书房也要清理一下,厨房的瓶瓶罐罐也需要整理清爽。就这样,一束花,改变了整个家的面貌。

伟大的马克思曾说:"人创造环境,环境也创造人。"我们不仅要设计有利于触发好行为的提示,让好习惯变得简便易行,更要创造一个美好的环境,让环境激发我们去创造更多美好。

1. 巧用触发器

家庭是个人生活的最小环境,虽小,但这种潜移默化的影响是最为深远的。

在我八岁那年，我们一家搬进了新房子。我和妹妹的卧室多了一件新家具——一个设计新潮、明黄色的书架，连着一个抽拉式的桌子。这样的家具，在当时的农村简直是凤毛麟角。

我对这个书架爱不释手，当时只有一个念头：让它放满一排排的书。可是，我当时的书少得可怜。除了上学的课本，几乎没有其他书。镇上虽然有一个新华书店，但里面的书寥寥无几，大多是《新华字典》之类的工具书，和为数不多的文具。

这并没有阻挡我对书籍的渴望。很快，我就发现镇上有一个旧书摊，于是，我每周都会去那里淘书；高中毕业的堂哥，家里也有好多金庸的武侠小说，这些书也成了我的"猎物"；爸爸每次出门，我总是叮嘱他给我买书；那年假期，我去外婆家，舅舅的《泰戈尔散文集》也被我据为己有，带回了家。

回想起那个明黄色的书架，它的出现让我终身受益。因为这个书架，找书、买书成了我在那几年里最重要的事，直到有一天，我终于把书架摆得满满当当。也因为这个书架，我养成了爱书、读书的习惯，因此比同龄的孩子读了更多的书，语文成绩一直是班级里最好的。如今，我成了一名语文老师，站在讲台上，鼓励孩子们一起读书。

斯坦福大学行为设计实验室创始人B·J·福格教授通过二十年追踪研究发现：人类90%的行为由提示触发，而非主动决策。其经典行为模型(B=MAP)揭示——当动机(motivation)、能力(ability)与提示(prompts)共同作用时,行为(behavior)改变将如同多米诺骨牌般自然发生。

对我而言,新书架就是一个触发器,它不仅激发了我填满它的强烈动机,还促使我踏上了四处寻觅书籍的旅程。在长期坚持下,这一行为逐渐演变成了我的阅读习惯,进而极大提升了我的阅读能力和写作能力。

研究发现,只要人们对某种提示产生强烈的愉悦、认同和喜爱,通常在几天内就能形成习惯。比如,刷短视频时只要动动手指,就会看到不同的内容;或者印制着孩子们喜欢的人物形象的物品和吃起来咔滋咔滋的薯片,都符合简单、醒目又能调动情绪的要素。这些设计让人看了还想看,买了还想买,吃了还想吃,从而形成习惯。

我们可以利用触发器帮助孩子形成好习惯。比如,如果想要孩子养成写作的习惯,可以送一本他们喜欢的某部影视作品联名的笔记本,让他们忍不住打开本子开始书写;或者送孩子一件物品,然后引导他们分析背后吸引人的要素,并写出对该物品的感悟和思考。通过这种方式,孩子不仅能学会从商家的营销套路中跳出来,还能更理性地看待自己的喜好,同时在潜移默化中培养写作的习惯。

2. 创造小环境

在人类的各种感官中,视觉是最先发展起来且最强大的感官,因此,我们更能注意到那些醒目的提示。无论是宣传标语还是广告牌,为了吸引人们的注意力,都在视觉效果上下足功夫。同时,在家庭环境中,鲜明的视觉提示也会吸引我们的注意力,帮助我们养成良好的习惯。

小姿在洗脸池下面放了一个木质小阶梯后,三个孩子一进家门就争着去洗手,很快养成了洗手的习惯。她又在洗脸池墙上装了三个毛巾挂钩,并用不同颜色的便笺纸分别贴上了三个孩子的名字,孩子们就不再把洗脸巾到处乱扔了,而是主动把小毛巾挂得整整齐齐。

自从把瑜伽垫放在随手可及的地方,把瑜伽服悬挂在衣架上而不是锁在衣柜里,我做瑜伽的次数便翻倍了;自从我把药放在从桃花潭买来的竹编的小筐子里,并放在餐桌醒目的位置,我便几乎不再忘记吃药;自从我把吉他挂在丫丫卧室的墙上,丫丫就极少忘记练吉他了。

同样,如果想培养健康饮食的习惯,我们就不要在客厅的桌子上放一大堆零食,而是换成水果或者无糖坚果;冰箱里不要储存冰激凌,而是多放一些新鲜的蔬菜。如果想多喝水,就给自己买一个好看的杯子,随身携带,或者在办公室配备一套精美的茶具。

我们也可以将自己的行为与环境绑定,避免一种习惯和另一种习惯相互混淆。这种环境与行为的关联,其实是一种潜意识的心理暗示。比如,为什么我们在家里会比在办公室放松?因为我们已经无意识地把工作和生活划分了明确的界限。对我而言,客厅的沙发就像一个巨大的"陷阱"。下班后,疲惫的我一看到沙发,就忍不住坐下,随后掏出手机,一个小时便在不知不觉中溜走。相反,如果我选择坐在书房的椅子上,90%的情况下,我会选择读书或者写作。

小瑜妈妈提到,奶奶总在孩子吃饭时打开电视,认为这样孩子吃得快。尽管多次劝说,但奶奶始终坚持这样做。后来,小瑜妈妈把电视机放到储藏室,把电视墙改成了书墙,并在客厅铺上了地毯。这个改变让小瑜不仅改掉了吃饭看电视的习惯,还经常爬到书架最低的一格拿书翻阅。渐渐地,每次家里来客人,小瑜都会拉着他们先给自己读一本书。客厅的一个小改变,让小瑜从小养成了读书的习惯。

如果想养成良好的睡眠习惯,就不要把手机放在卧室,也不要在卧室里装电视机,甚至避免在卧室放置电脑。这样一来,卧室便成了一个专属的睡眠信号。一旦踏入卧室,我们就会自然而然意识到：这里是睡觉的地方。同时，如果想要孩子更专注地学习，请把电子产品远离书桌，只保留与学习相关的物品。这样，孩子就会清楚地意识到：这里是写作业的地方。

我们还可以帮助孩子把物品进行细分，从而更好地管理他们的行为和习惯。比如，手机用来社交和玩游戏，平板电脑用来上网课、阅读或画画，电脑则用来写作。这样，平板电脑里就不会有游戏或社交软件等干扰因素。每当拿起平板电脑，孩子便会条件反射般投入学习或创作的世界中。

我们耳熟能详的《孟母三迁》的故事，孟母为了给孟子提供更好的成长环境，从墓地搬到集市，又从集市搬到学堂。在学堂的耳濡目染和孟母的培养下，孟子最终成为一代大思想家。如今，我们在买房子的时候，也会考虑小区的环境是否能给孩子创造更好的成长条件。毋庸置疑，环境对孩子的成长有着非常重要的作用。

如果我们无法改变当前的环境，那么可以考虑给孩子"加餐"——主动为孩子创造更多的学习机会和成长资源。无论生活在何处，我们都可以通过积极的行动，让孩子接触比我们更优秀的人，让他见识不同的生活。

晓晓生活在一个三线小城，成长环境相对单一。为了拓宽孩子的学习视野，每到暑假，她的父母就会给她挑选夏令营，或者带她参观国内的各大名校。初中时,晓晓参加了上海的一个英语夏令营,在那里,她结识了两位来自著名高校的英语高手。他们激发了她学习英语的热情。自此,她的英语成绩一直名列前茅,大学期间更在全国大学生英语演讲比赛中斩获佳绩。

我们可以带领孩子走出教室,走进更加广阔的世界——博物馆、美术馆、菜市场、养老院等,每一处都是他们自主探险的乐园。

回想起多年前,在新疆喀纳斯的那个夜晚,我仰望满天星斗,心中涌起无尽的震撼。那些星星硕大而明亮,仿佛近在咫尺,却又遥远而神秘。它们静静地挂在夜空中,让我心生敬畏,内心也随之变得沉静。那一刻,我仿佛忘记了时间的流逝,整个世界都沉浸在一片宁静与美好之中。

丫丫喜欢乡村,她说:"城市四四方方,高楼大厦林立,几乎千篇一律。而乡村呢,有小河潺潺流淌,有田野一望无际,还有风吹过麦浪的声音……"生活的美妙往往藏在那些细微的、不经意的瞬间。乡村的质朴与自然的灵动,赋予了她对生活的独特感知。有过这种体验的孩子,不会害怕生活的不确定性。相反,他们会明白,生活本身就是一场充满未知的探险。

童年时期的达·芬奇大部分时间都是独自度过的。在意大利佛罗伦萨城外的芬奇村,他喜欢沿着村外橄榄树林的小径去探寻不同的风景——茂密的树林、湍急的溪流、倾泻而下的瀑布,还有在上空飞掠而过的天鹅和长在悬崖边的奇花异草。这片树林里多彩的生命深深吸引着他。他常常静静地趴在岩石上,手中紧握着画笔,开始细致地勾画周围那变幻无穷的景象。没有老师的指导,没有现成的画作可供参考,大自然成了他唯一的模特。他屏息凝神,仔细观察着每一处细节,努力捕捉那些栩栩如生的生命瞬间。正是在这样的环境中,达·芬奇的天赋得以孕育,他的艺术之路也由此开启。

3. 拥抱大环境

2019年世界教育创新峰会的主题是"归零与重构:学习人类新的可能",大会提出我们要用"重新建构",用新的认知和范式来理解世界、理解社会、理解自己。

徐子沛先生在《第二大脑》中揭示了一个数据:截至2023年,过去50年里,《纽约时报》总共有30亿个单词,但今天推特上仅仅一天产生的信息量,就有80亿个单词——这相当于《纽约时报》160多年产生的信息总量。这无疑标志着人类历史正大步迈入一个信息大爆炸的全新纪元。

英伟达首席执行官黄仁勋在近期的投资者深度访谈中,深入探讨了人工智能领域的最新发展,并强调了人工智能与机器人技术融合的重要性。他预言,这种融合将掀起一场堪比电力革命的新工业革命,对社会产生深远而持久的影响。未来每个行业、每个公司、每个国家都需要生产自己的人工智能。

与此同时,有数据统计显示,当前的小学生未来所从事的职业将有相当一部分是新生职业。这无疑给我们发出了警示:教育的目标不应仅仅局限于为孩子们谋取一个稳定的职业,而应更加注重培养他们的综合素养与创新能力,以适应未来社会的多元化需求。所以,我们要积极迎接并拥抱新时代的大环境。

明白了这一点,我们便能更加清晰地认识到现在教育的真正意义所在。自主、自律、独立思考、提炼概括和分析、判断,以及做出选择的能力之所以至关重要,是因为它们能够激发学生的学习兴趣,提高学习效果,并培养学生的自我管理能力和自学能力。

在互联网时代,知识的获取方式发生了颠覆性的变革。以往,知识经过老师、家长、学校筛选后传递给我们。如今,所有信息和资源如同繁星点点般散布在互联网的广阔天地中,只要人们愿意,便能轻松获取。这种知识的平权化无疑为每个人的学习提供了前所未有的便利与可能性。

但与此同时,如何有效筛选、甄别与提炼这些信息,成为每个人必须面对的挑战。只有真正掌握取舍之道与选择能力,并能提出好问题的人,才能利用 AI 将互联网转化为自己探索世界,与世界互动的强大工具,而不是被互联网工具化。

在具体实践中,我们可以从筛选与提炼两个步骤入手。

首先,教会孩子如何对手机瘦身,在众多互联网平台中加以挑选,保留那些优质且常用的平台,避免沉迷于无意义的"刷"手机行为。正如古人所言:"弱水三千,只取一瓢。"这不仅仅是执着于目标的坚定态度,更是一种珍视自我时间与精力的智慧体现。

其次,我们要培养孩子的提炼与概括能力,让他们学会从纷繁复杂的信息中抽丝剥茧,提炼出有价值的内容。在互联网无处不在的世界,我们再也不能以"巨人"的姿态自居,代替孩子设置学习模式,安排学习步骤或设定唯一的评价标准。相反,应该鼓励孩子学会自主设定目标、探索学习路径、做出判断并寻求合作伙伴。只有这样,他们才能在未来的挑战中保持最佳姿态,迎接属于自己的精彩人生。